Georg Rubel (Hg.)

Jugend und Kirche

Auf dem Weg zur Bischofssynode
„Die Jugendlichen, der Glaube,
die Berufungsentscheidung"

AF198967

JUGEND UND KIRCHE

AUF DEM WEG ZUR BISCHOFSSYNODE „DIE JUGENDLICHEN, DER GLAUBE, DIE BERUFUNGSENTSCHEIDUNG"

GEORG RUBEL (HG.)

LUXEMBOURG SCHOOL OF
RELIGION & SOCIETY

Bibliographische Informationen der Deutschen Nationalbibliothek
Die Deutsche Nationalbibliothek verzeichnet diese Publikation in der Deutschen Nationalbibliographie; detaillierte bibliographische Daten sind im Internet über http://dnb.dnb.de abrufbar.

© 2019   Luxembourg School of Religion & Society

        Centre Jean XXIII
        52, rue Jules Wilhelm
        L-2728 Luxembourg

        www.lsrs.lu

        Hintergrundbild auf dem Cover:
        „Rom" von Mirjam Gwosdek (Kronach)
        Layout: Gilberte Bodson

ISBN 978-3-7460-4332-6

Herstellung und Verlag:
BoD – Books on Demand, Norderstedt

Inhalt

Vorwort zum Studienband

von Georg RUBEL

Am 22. September 2018 fand an der Luxembourg School of Religion & Society (LSRS) in Luxemburg ein Studientag statt mit dem Titel „#Jugend #Glaube #Berufung. Fragen und Erwartungen von Jugendlichen an die Kirche". Dieser Studientag hatte einen konkreten Anlass. Er sollte einstimmen und vorbereiten auf die im Oktober bevorstehende XV. Ordentliche Generalversammlung der Bischofssynode in Rom zum Thema „Die Jugendlichen, der Glaube und die Berufungsentscheidung".

Das Arbeitsdokument für diese Synode, das sog. *Instrumentum Laboris*, beginnt mit den Worten: „Die Betreuung und Begleitung der Jugendlichen ist keine fakultative Aufgabe der Kirche, sondern ein wesentlicher Bestandteil ihrer Berufung und ihres Auftrags im Lauf der Geschichte."[1] Damit wird gleich am An-

---

[1] *Instrumentum Laboris* zur XV. Ordentlichen Generalversammlung der Bischofssynode „Die Jugendlichen, der

fang dieses Dokuments klar und unmissverständlich zum Ausdruck gebracht, dass es sich bei der Jugendpastoral nicht um ein zusätzliches Angebot der Kirche handelt („nice to have", aber nicht unbedingt notwendig), sondern vielmehr um einen Grundvollzug kirchlichen Handelns. Die Jugendlichen und ihr Glaube sind wichtig für das Leben der Kirche. Und die Kirche tut gut daran, die Jugendlichen und ihre Situation in der Welt von heute in den Blick zu nehmen. Deshalb haben sich Nachwuchswissenschaftler der Theologie sowie haupt- und ehrenamtlich in der Jugendpastoral Tätige einen ganzen Tag mit dem Thema Jugendliche und Kirche beschäftigt.

Der hier vorliegende Studienband enthält sämtliche Beiträge des Studientages in der Reihenfolge, wie sie dargeboten wurden: Ansprache zur Eröffnung des Studientages (Jean Ehret), Erfahrungsbericht von der Vorsynode in Rom (Pierre Lacoste), Impuls zur Jugendpastoral (Erzbischof Jean-Claude Hollerich), Vortrag „Die Jugendlichen sind gefragt! – Der Weg zur Bischofssynode" (Sebastian Kießig), Vortrag „…damit eure Freude vollkommen wird"! – Theologische Anstöße zur Synode „Die Jugendli-

---

Glaube, die Berufungsentscheidung" vom 08.05.2018: http://www.vatican.va/roman_curia/synod/documents/ rc_synod_doc_20180508_instrumentum-xvassemblea-gio vani_ge.html (aufgerufen am 29.11.2018).

chen, der Glaube und die Berufungsentscheidung"
(Marco Kühnlein). Alle diese Beiträge sind so veröffentlicht, wie sie gehalten wurden. In Einzelfällen
wurden lediglich sprachliche Korrekturen vorgenommen, um das gesprochene Wort besser lesbar zu
machen.

Neben den genannten Vorträgen bietet der
Sammelband eine Zusammenfassung der beiden an-
gebotenen Workshops: „Just tweet it! Kirche, Ju-
gendliche und soziale Medien" (Michel Remery) und
„Just do it! Christsein in der Schule und im Alltag"
(Jean-Louis Zeien). Schließlich findet sich in diesem
Büchlein auch ein Interview, das Erzbischof Jean-
Claude Hollerich und Pierre Lacoste dem Presse-
sprecher des Erzbistums Luxemburg, Roger Nilles,
im Vorfeld der Jugendsynode gegeben haben.

Mein aufrichtiger Dank gilt allen, die an dem Studientag das Wort ergriffen und ihre Beiträge zur
Veröffentlichung in diesem Band zur Verfügung gestellt haben. Den Leserinnen und Lesern wünsche
ich eine gute und inspirierende Lektüre!

Eigendynamik des Lebens und Orte der Gegenwart des lebendigen Gottes Ansprache zur Eröffnung des Studientages

von Jean EHRET

Das Anliegen der Luxembourg School of Religion & Society ist es, das wechselseitige Verhältnis zwischen Religion oder Religionen einerseits und unserer Gesellschaft andererseits zu untersuchen, um es zu verstehen und zu denken. Unsere Forschungsarbeit strebt danach, diese gegenseitige Beziehung zu verstehen. Unsere Lehrveranstaltungen und Bildungsangebote befähigen die, die daran teilnehmen, ihre Religionsgemeinschaft, die Gesellschaft, in der sie leben, und das gegenseitige Verhältnis von Religionsgemeinschaft und Gesellschaft mit zu gestalten. Es geht der Luxembourg School of Religion & Society darum, einen Beitrag zu leisten, damit Menschen in Kirche und Gesellschaft ihre Verantwortung in Sachkenntnis wahrnehmen können.

In unserer Forschung, in der Lehre und in der Bildungsarbeit sind wir, so wie es die Apostolische Konstitution *Veritatis Gaudium* von Papst Franziskus aus dem Jahr 2017 zusammenfasst, erstens theologisch im Kerygma verortet, zweitens interdisziplinär orientiert, drittens im Dialog mit Andersdenkenden engagiert und viertens mit anderen Institutionen vernetzt[1]. Die heutige Tagung ist durch diese vier Charakteristika gekennzeichnet und schreibt sich in die Grundthematik unseres Hauses ein.

Das Thema dieses Studientags „#Jugend #Glaube #Berufung. Fragen und Erwartungen von Jugendlichen an die Kirche" verbindet Religion und Gesellschaft. Papst Franziskus hat für Oktober 2018 eine Bischofssynode einberufen, in deren Zentrum nicht nur die jungen Menschen, die bereits in der Kirche engagiert sind, stehen, sondern alle, die zu unserer Gesellschaft gehören. Hier treffen z. T. oder weitgehend zwei Welten aufeinander. Einerseits haben die wenigsten Jugendlichen heute einen lebendigen Bezug zur Kirche; andererseits fehlt es kirchli-

---

[1] Franziskus, Apostolische Konstitution „Veritatis Gaudium" über die kirchlichen Universitäten und Fakultäten, 8. Dezember 2017, http://w2.vatican.va/content/frances co/de/apost_constitutions/documents/papa-francesco_ costituzione-ap_20171208_veritatis-gaudium.html (20.09.2018), Nr. 5.

chen Institutionen oft an einem lebendigen Bezug zum konkreten Leben der jungen Menschen. Das Verhältnis ist eventuell noch durch Spannungen, mehr aber noch durch Desinteresse gekennzeichnet. Natürlich wird man einwenden, dass die Kirche, *mater et magistra*, am Leben der jungen Männer und Frauen von heute interessiert ist: die Frage stellt sich daher eher, ob sie, die Lehrende, auch bereit ist, sich wie eine Mutter, wie leibliche Eltern auf die Lebensgeschichte von jungen Menschen einzulassen und manches von dem, was nicht ihren Vorstellungen entspricht, anders zu entdecken, anders zu sehen. Dann kann sie auch mit ihren Kindern wachsen.

Deshalb wird man sich fragen müssen, wie sie das tun kann. Dieser Vergleich der Kirche, die sich als Mutter versteht, mit den leiblichen Eltern stellt nicht nur methodologische und kommunikationstechnische, sondern zugleich auch offenbarungs- und pastoraltheologische Fragen, auf die sich die Kirche in die Dynamik einer Synode einlassen will. Diese Dynamik entsteht bereits vor der Synode; Herr Lacoste und Erzbischof Hollerich werden in sie einführen, damit sie theologisch reflektiert und im Dialog erlebt wird.

Die Dynamik entwickelt sich auch durch die interdisziplinäre Gestaltung. Die Vorträge des Studientages werden von Theologen gehalten, die aus der

Perspektive ihrer jeweiligen Disziplin, Pastoraltheologie und Religionspädagogik, sprechen und Informationen bieten, die zum nach- und andersdenken anleiten können. Der Dialog geschieht zwischen ihnen und den Hörern, aber auch zwischen den Jugendlichen und mit ihnen, sowie im Plenum zwischen allen Beteiligten: Was verändert sich dadurch in der Auffassung der Teilnehmer, in ihren Erwartungen, wenn sie sich – entsprechend der Formulierung des Themas – auf die jungen Menschen einlassen?

Was verändert der Dialog? Dialog ist kein Selbstzweck, sondern er kann und sollte ein Ort der Suche nach Gottes Gegenwart in unserem Leben sein, damit wir sie auch an den Orten wahrnehmen lernen, an denen wir sie vielleicht nicht erwarteten. Theologisch gesprochen sehe ich in dieser Öffnung auf den Lebensvollzug als *locus theologicus* ein Ziel dieses Studientages. Das tatsächlich gelebte Leben der Jugendlichen kann dazu führen, das Evangelium mit anderen Augen zu lesen.

Papst Franziskus hat vier Punkte genannt, die seiner Ansicht nach Theologie kennzeichnen sollten: die theologische Verortung im Kerygma, die interdisziplinäre Orientierung, das Engagement im Dialog und die Vernetzung der Institutionen. Die ersten drei Aspekte habe ich kurz hervorgehoben; die Vernetzung geschieht heute dadurch, dass die Tagung in

Zusammenarbeit mit Kollegen der Theologischen Fakultät Eichstätt, mit dem Schulreferat und der Jugendpastoral der Erzdiözese Luxemburg organisiert wurde. Damit trägt diese Tagung zu einer Theologie bei, die aus den Gelehrtenstuben ausbricht und sich als Beitrag zum gegenwärtigen *quaerere Deum* versteht.

Erfahrungsbericht
über die Vorsynode in Rom

von Pierre Lacoste

Die Vorsynode ist die Versammlung von Jugendlichen, die auf Wunsch von Papst Franziskus einberufen wurde und dazu helfen soll, die XV. Bischofssynode vorzubereiten. Die Kirche hat für eine Woche Jugendliche aus der ganzen Welt eingeladen: Katholiken, Orthodoxe, Protestanten, aber auch Jugendliche anderer Religionen (Moslems, Juden) und auch Nicht-Gläubige.

Bevor ich auf die Vorsynode zu sprechen komme, möchte ich zunächst ein paar Worte über den Papst sagen. Papst Franziskus ist ein Mann, der gern konkret arbeitet und sich speziell der Jugend verbunden weiß. Diese beiden Aspekte konnte ich bei der Vorsynode in Rom sehr gut beobachten. Der Papst hat 300 Jugendliche aus der ganzen Welt eingeladen, um sich in allem Freimut mit ihnen auszutauschen und ihnen Fragen zu stellen, die sie und ihr

Leben betreffen. Die Vorsynode begann auch mit einem Vortrag des Heiligen Vaters selbst. Das Erste, was uns Franziskus gesagt hat, war, dass wir den Mut haben sollen, offen und ehrlich zu reden. Er hat uns dazu aufgefordert, das Wort zu ergreifen, denn jeder hat das Recht zu reden, aber was noch viel wichtiger ist, jeder hat das Recht gehört zu werden.

Die Vorsynode ist alles in allem eine Chance für die Jugendlichen, um ihre Zweifel, Wünsche und Fragen zum Ausdruck zu bringen. All das wurde in einem abschließenden Dokument, dem sog. *Instrumentum laboris*, zusammengefasst als Antwort auf die von der Kirche gestellten Fragen zur Vorbereitung der Synode. Diese Fragen betrafen unterschiedliche Themen wie beispielsweise den Glauben, das Unterscheidungsvermögen, die Persönlichkeitsentwicklung oder aber den Bezug zur Technik, die Beziehung zu Jesus, die Zukunft. Es versteht sich von selbst, dass die meisten Fragen auf die Jugendlichen und die Kirche bezogen waren. Diese Fragen wurden durchgearbeitet und beantwortet in 20 Gruppen und in vier verschiedenen Sprachen: Italienisch, Spanisch, Französisch und Englisch. Daneben gab es auch sechs Gruppen *Facebook*, die insgesamt 15 000 Mitglieder umfassten. So konnten noch mehr Jugendliche ihren Beitrag leisten zum Abschlussdokument der Vorsynode. Als schließlich alle Antworten gegeben wurden, wurde eine Redaktorengruppe unter den 300 Jugendlichen vor Ort gewählt, um alle Antworten zusammenzufassen.

Dieses große Fazit wurde anschließend in der Vollversammlung besprochen und überarbeitet. Das Auditorium konnte durch Änderungsanträge auf diese erste Version reagieren, wie beispielsweise: „Ich finde, dass die Passage, die von der Zukunft der Jugendlichen spricht, meiner Meinung nach ein bisschen zu pessimistisch ausfällt. Dieser Textabschnitt müsste positiver formuliert werden." So konnte jeder seine Gedanken einbringen und seinen Beitrag leisten zur finalen Version des Dokuments.

Eine interessante Antwort, die von den Jugendlichen gegeben wurde, betrifft die Zukunft. Die Jugendlichen träumen von Sicherheit, Stabilität und Selbstverwirklichung. Sie hoffen auf ein besseres Leben für ihre Familie. An vielen Orten dieser Welt hängt das mit einer Suche nach physischer Sicherheit zusammen, für andere mit der Suche nach Arbeit. Die Jugendlichen, die in instabilen Regionen wohnen, erwarten das Eingreifen der Regierungen, um Krieg und Korruption zu beenden und um sich sozialen Ungerechtigkeiten und drohender Unsicherheit zu widersetzen.

Dabei handelt es sich um ein sehr schönes Beispiel, welches die Leistung dieses Abschlussdokuments aufzeigt. Es war eine große Herausforderung, nicht alle Jugendlichen dieser Welt über einen Kamm zu scheren, sondern viele verschiedene Visionen zuzulassen, um den Synodenvätern jeweils ein konkretes Zeugnis zu geben.

Zum Abschluss möchte ich anhand dieses Dokumentes folgendes festhalten: Die Jugendlichen wollen zunächst angehört werden von einer ehrlichen und einladenden Kirche, die nicht über sie urteilt, sondern sie zu verstehen sucht. Gleichwohl war das, was im Abschlussdokument am meisten zurückgehalten wurde, die Notwendigkeit einer stabilen Familie, die die Jugendlichen in ihren Entscheidungen trägt. Mit der generellen Krise der Familien haben es die Jugendlichen sehr schwer, solide Bezugspersonen zu finden. An dieser Stelle sollte die Kirche unersetzlich sein. Die Begleitung ist fundamental wichtig für die Jugendlichen und ihre Familie. Das ist wohlwollend und zeigt beispielhaft, dass die Kirche die Jugendlichen zu Akteuren ihres eigenen Lebens macht. Die Jugendlichen brauchen authentische Zeugen, Heilige und wahre Beispiele, die ein lebendiges und dynamisches Bild abgeben von ihrem Glauben und von der Kirche.

Impuls zu Beginn des Studientags

von Erzbischof Jean-Claude HOLLERICH

Liebe Freunde,

wenn ich das Wort ergreife, muss ich als Bischof zunächst immer ein guter Zuhörer gewesen sein. Deshalb habe ich darum gebeten, dass Pierre Lacoste zuerst spricht und ich freue mich, dass ich so dem, was er gesagt hat, zuhören konnte.

Am Schluss des Vorbereitungsdokuments der Synode heißt es, dass wir eine Kirche sein müssen, die hinausgeht. Ich interpretiere das so, dass wir alte Denkschemata und Verhaltensweisen verlassen müssen, um uns dorthin zu bewegen, wo die Menschen und insbesondere die Jugendlichen heute leben. Nur dann können wir Zeugen Jesu Christi sein. Das ist ein ganz anderes Kirchenbild als das einer Kirche, die darauf wartet, dass die Menschen zu ihr kommen. An die Stelle der Kirche, die eine Lehre vertritt, tritt eine Kirche, die versucht, Zeugnis zu geben von Jesus Christus.

Um aber Zeugnis zu geben, muss ich zuerst ein Jünger Jesu Christi sein. Dies gelingt mir nur durch die tägliche Begegnung mit ihm selbst. Als Bischof nehme ich mir die Zeit des Gebetes, das von der Heiligen Schrift ausgeht. Das Wort Gottes ist lebendig, in ihm ist Jesus Christus präsent und spricht zu uns. Es ist ein persönliches Wort. Ja, er kann uns überraschen. Sein Wort löst etwas in uns aus. Es kann uns verändern. In diesem ständigen Hören auf das Wort Gottes werden wir befähigt, Zeugnis in der Welt von heute zu geben. Es reicht nicht, eine zeitlose Botschaft abzugeben, sondern das Wort muss heute neu gehört, seine Botschaft für heute verstanden und in der Sprache und in den Lebensformen der Menschen ausgesagt werden. Als Getaufte stehen wir ganz konkret im Dienste Jesu Christi. Dies geht nur, wenn wir im Dienste der Menschen stehen.

Wir können weder eine abstrakte Lehre verkünden noch von dem Umfeld, in dem wir und die Menschen, an die wir uns wenden, losgelöst sein. Das Wort Gottes soll die jungen Menschen in ihrer konkreten Lebenssituation erreichen. Die Jugendlichen leben in einer Welt, die sich in vielen Dingen von der Welt der älteren Generationen unterscheidet. Es ist natürlich dieselbe Welt, aber die Art und Weise, in der Welt zu leben, hat sich sehr geändert. Wir erleben einen rasanten Umbruch unserer Kultur, unserer Zivilisation, der ungefähr so bedeutend ist wie die Erfindung des Rads. Und wir stehen erst am Anfang dieser Entwicklung. Unser menschliches Denken und Handeln wird davon beeinflusst. Wir sehen jetzt schon die Einflüsse der sozialen Netzwerke auf das Leben der Menschen. Das ist nur ein Beispiel für den großen Kulturwandel, den wir gerade erleben.

Aufgrund der aktuellen Veränderungen dürfen wir nicht diejenigen sein, die die vermeintlich gute Zeit von gestern heraufbeschwören, sondern diejenigen, die mitgehen, die im sich verändernden Leben mit dabei sind und die ein Wort der Hoffnung geben. Denn die Hoffnung muss uns alle verbinden. In der Lesung der Messe von gestern war die Rede von der gemeinsamen Hoffnung (vgl. Eph 4,1-7). Wie schön wäre es, wenn wir als Kirche von Luxemburg eine gemeinsame Hoffnung hätten, nicht nur gemeinsame Pastoralpläne. Wenn diese Pläne nicht von Hoffnung getragen sind, von der richtigen Hoffnung, dann nützen sie nicht sehr viel.

Ich glaube, dass die Synode zu dem Ergebnis kommen wird, dass die Kirche in einen ständigen Dialog mit der Jugend treten muss und dass dieser ständige Dialog unser Christsein und im Fall der Synodenväter auch ihr Bischofsein verändert. Ich freue mich auf diesen Austausch und auf die Synode.

Ich möchte mich auch auf alle Herausforderungen und Veränderungen einlassen. Ich möchte Veränderungen nicht blockieren, sondern zeigen: Ja, die Kirche ist für die Jugendlichen da, sie hört ihnen zu und lässt sich auf ihre Fragen ein. Sie lässt sich von diesen Herausforderungen verändern. Nur so können wir den Jugendlichen den Glauben verkündigen und weitergeben.

Unsere Kirche wird älter. Das meine ich nicht nur im Hinblick auf die steigende Anzahl der Jahre, die zwischen heute und der Zeit Jesu liegen. Unsere Kirche wird älter, weil ihre Mitglieder durchschnittlich älter werden. Fühlen sich Jugendliche in einer solchen Kirche noch wohl? Jugendliche reagieren ganz unterschiedlich auf die Art und Weise, wie wir die Liturgie feiern und die Sakramente spenden. Diese Reaktionen fallen nicht immer so aus, wie wir sie uns vorstellen. Ich kann mich an eine Zeit in Luxemburg erinnern, wo ich für die Berufungspastoral zuständig war. Ich hatte damals viel Kontakt mit einigen Schwestern der Luxemburger Kongregationen. Die Schwestern merkten, dass niemand mehr nach ihnen kommt. Sie fühlten, dass sich etwas ändern müsste. Es gab damals die Idee, ob nicht jüngere Schwestern verschiedener Kongregationen das Ordensleben in einer Kommunität zusammen neu aufleben lassen könnten. Dazu hat man sich dann doch nicht durchgerungen. Schade! Jetzt sterben alle aus.

Wir sind in unseren Pfarreien an einem ähnlichen Punkt angelangt. Machen wir uns nichts vor. Entweder schaffen wir es, Zentren zu schaffen, wo Jugendliche sich wohlfühlen und wo sie gern hinkommen, oder wir sind eine Kirche, die gleichsam mit ihrem Aussterben einverstanden ist. Solche lebendigen Zentren zu schaffen, setzt Veränderungen voraus. Ich weiß, wir haben viele Veränderungen in Luxemburg erlebt, und man wird müde durch Veränderungen. Aber schauen Sie Ihr Familienleben oder Ihr Arbeitsleben an: Ohne Veränderungen gibt es kein Leben!

Gott ist Leben und Liebe. Lassen wir uns also in unseren Gemeinschaften auf Gott ein! Gehen wir als Kirche hinaus zu den Jugendlichen, treten wir in einen offenen Dialog mit ihnen und geben wir ihnen ein lebendiges Zeugnis von Jesus Christus, der unser Leben mit einer tiefen Freude erfüllt!

Die Jugendlichen sind gefragt! –
Der Weg zur Bischofssynode

Sebastian KIEßIG

Meine lieben Jugendlichen, mit großer Freude darf ich Euch ankündigen, das im Oktober 2018 eine Bischofssynode zum Thema „Die Jugendlichen, der Glaube und die Berufungsentscheidung" stattfinden wird. Ich wollte, das Ihr hier im Zentrum des Interesses steht, da ich Euch im Herzen trage.[1]

Mit dieser Einladung an die Jugendlichen in der Welt in Form eines Briefes ermutigte Papst Franziskus am 13. Januar 2017 alle Jugendlichen, sich in den synodalen Prozess zur Vorbereitung und inhaltlichen

---

[1] FRANZISKUS, Brief von Papst Franziskus an die Jugendlichen anlässlich der Vorstellung des Vorbereitungsdokumentes der XV. Ordentlichen Generalversammlung der Bischofssynode, 13. Januar 2017; in den AAS noch nicht veröffentlicht; in: https://w2.vatican.va/content/frances co/it/letters/2017/documents/papa-francesco_20170113 _lettera-giovani-doc-sinodo.html (aufgerufen am 31. Juli 2018).

Ausrichtung der XV. Ordentlichen Generalversammlung der Bischofssynode einzubringen. Diese Synode mit dem Titel „Die Jugendlichen, der Glaube und die Berufungsentscheidung" – nachfolgend wird diese nur noch abkürzend „Jugendsynode" genannt – beschäftigt sich aus unterschiedlichen Perspektiven mit dem Leben junger Menschen heute und ganz konkret mit einem reflektierten und entschiedenen Herangehen Jugendlicher an ihre persönliche Lebensführung.

Zeitgleich mit dem Brief an die Jugendlichen veröffentlichte der Hl. Stuhl ein Vorbereitungsdokument, das ein erstes Nachdenken der Jugendlichen und Ortskirchen anregen wollte. Dieses „Anregen" äußert sich nicht nur im Text selbst, sondern auch in der Einladung, einen Fragebogen auszufüllen und diesen für die konkrete Vorbereitung nach Rom zurückzusenden. Dabei gab es jeweils einen Fragebogen für nationale Bischofskonferenzen und Ortskirchen sowie einen onlinegestützten Fragebogen für alle Jugendlichen in der Welt. An dieser letztgenannten Online-Befragung haben summierend 221 000 Jugendliche teilgenommen, von denen eine gute Hälfte (56,4 %) aus Europa stammte. Rund drei Viertel der teilnehmenden Jugendlichen gaben an, katholisch zu sein und ihre Religion wichtig zu nehmen. Auffällig ist, dass rund 17 % der Teilnehmenden an dieser Befragung angaben, nicht katholischen Glaubensbekenntnisses zu sein. Vordergründig mag dieser Aspekt ungewöhnlich erscheinen, bei der inhaltlichen Beschäftigung mit dem Vorbereitungsdokument gewinnt dieser empirische Befund an Plausibilität.

1. Das vatikanische Vorbereitungsdokument (13. Januar 2017)

Das vatikanische Vorbereitungsdokument ist der chronologisch erste von drei Arbeitstexten, die im Vorfeld der Jugendsynode entstanden sind. Allen drei Arbeitstexten – dem Vorbereitungsdokument, dem Abschlusspapier der Jugendsynode sowie einem *Instrumentum Laboris* – ist gemein, dass diese einem inneren methodischen Dreischritt folgen.

1.1 Die Jugendlichen in der Welt von heute

Der Text des vatikanischen Vorbereitungsdokumentes notiert im ersten Abschnitt,

> dass die Jugend nicht in erster Linie eine bestimmte Kategorie von Menschen identifiziert, sondern vielmehr eine Phase des Lebens ist, welche durch jede Generation in einer einzigartigen und unwiederholbaren Weise geprägt wird.[2]

---

[2] Vatikanisches Vorbereitungsdokument, 13. Januar 2017; in den AAS noch nicht veröffentlicht; in: http://www.

Aus diesem kurzen Input des Dokumentes kann erschlossen werden, dass es *die* Jugend nicht gibt. Vielmehr ist darunter ein Personenkreis zu verstehen, der sowohl aktiver Gestalter als auch passiver Empfänger sein kann. Diese doppelte Dimension des Handelns wird durch die einzigartige und unwiederholbare Weise ausgedrückt. Das bedeutet, dass sowohl Jugendliche selbst wertvollen Dienst am Nächsten, an Gemeinschaften und an der Kirche leisten können – dann sind sie Subjekte der Pastoral und dogmatisch gesprochen Mittler des Heiles – als auch auf den Dienst und die Botschaft Jesu Christi in Taten und Worten angewiesen sind – hier sind sie Objekte der Pastoral.[3] Diese Sichtweise auf Jugendliche ist das Angebot von Papst Franziskus an die Jugend der Welt, im Rahmen des synodalen Prozesses zu sagen, was diese von der Kirche erwarten und was ihnen wichtig am Glauben ist. Zudem fragt der Papst ganz explizit danach, was Jugendliche in dieser Phase ihres Lebens tun wollen, so dass sie von Beginn an auch als Subjekte des Glaubens und der Kirche verstanden werden.

---

vatican.va/roman_curia/synod/documents/rc_synod_doc_20170113_documento-preparatorio-xv_it.html (aufgerufen am 31. Juli 2017).

[3] Vgl. Herbert HASLINGER, *Pastoraltheologie*, Paderborn 2015, S. 233.

Daneben sei angemerkt, dass das vatikanische Vorbereitungsdokument unter Jugendlichen Menschen in der Altersspanne von 16 bis 29 Jahren versteht, hingegen beispielsweise die deutsche Sozialwissenschaft Menschen von 16 bis 35 Jahren in einem mehrstufigen Prozess als jugendlich und jung einordnet.[4]

Des weiteren richten sich sowohl der einladende Brief des Papstes als auch das Vorbereitungsdokument an die Welt. Mit der Welt sind aber nicht nur die Gemeinschaft aller Ortskirchen und die Universalkirche gemeint, die Welt umfasst alle Menschen. Damit wurde bereits zu Beginn des synodalen Prozesses festgestellt, dass in den praktischen Lebensvollzügen des Alltags alle Menschen unabhängig ihres Glaubensbekenntnisses vereint sind – jeder erlebt die Schnelligkeit unserer Zeit, die ökonomischen und ökologischen Sorgen unserer Gesellschaften aber auch ganz individuell. Zudem sagt der Papst aber auch aus, dass neue Formen von Berufung und Entscheidung zu jedem menschlichen Leben hinzugehö-

---

[4] Vgl. Sebastian Kießig, Berufungsentscheidungen sind jugendlich und jugendfrei. Optionen priesterlicher Berufungswege, in: Eva-Maria Gärtner, Sebastian Kießig, Marco Kühnlein (Hrsg.), „… *damit eure Freude vollkommen wird!" Theologische Anstöße zur Synode „Die Jugendlichen, der Glaube und die Berufungsentscheidung" 2018*, Würzburg 2018, S. 231-245, hier: S. 233.

ren, d. h. nicht nur Teil des explizit religiösen katholischen Lebens sind. Somit beginnt der synodale Prozess, der wie die Gesellschaft und die Kulturen […] vor allem durch die Schnelligkeit der Prozesse gekennzeichnet ist, mit einem neuen inhaltlichen Aspekt, der Zusammenschau von Berufung und Welt. Im folgenden zweiten Abschnitt wird dieser Zugang spezifiziert.

1.2 Glaube, Unterscheidung, Berufung

> Anderen das Geschenk anzubieten, das wir selbst erhalten haben, bedeutet, sie auf diesen Weg zu begleiten, sie zu unterstützen, wenn sie ihre eigenen Schwächen und die Schwierigkeiten des Lebens angehen, aber vor allem die Freiheit zu unterstützen, die sich noch ausbilden.[5]

Diese Einschätzung des eröffnenden Textes bietet sogleich den lebensnahen Zugang, dass der Weg zur Erkenntnis und Annahme der eigenen Berufung einer ist, der nicht von einem Menschen alleine und in seinem persönlichen Dasein gegangen werden kann. Der Weg zur Vollendung einer Berufung ist folglich immer ein dialogischer, einer, der in Beziehung zu anderen Menschen erkannt und erprobt wird sowie sich an den eigenen Sinnquellen orientiert. Sicherlich werden Sie sich beim Lesen nun fra-

---

[5] Vgl. Anm. 2.

gen, weswegen noch nicht explizit die Dimension Gottes benannt wird. Dies liegt an der Genese des Vorbereitungsdokumentes, zunächst alle Menschen, unabhängig ihres religiösen Bekenntnisses, als Berufene in den Blick zu nehmen und sodann sukzessiv den explizit christlichen Konnex zu konkretisieren.

Folglich ist christlich-theologisch gesprochen dieser Weg zum Erkennen der Berufung ein äußerer Ausdruck der zwei Seiten der Inkarnation Jesu Christi: Zum einen ist der Mensch zur Liebe und damit zur menschlichen Gemeinschaft berufen (vgl. Eph 5,1), zum anderen zeichnet sich die Inkarnation durch eine persönliche Gottesbeziehung aus. Für die Berufung eines jeden Menschen bedeutet dies, dass man diese im konkreten Leben und zumeist angestammten Lebensumfeld vollzieht, und dass diese mit seinen jeweiligen Überzeugungen und – aus christlicher Perspektive – mit einer Beziehung zum dreifaltigen Gott übereinstimmt.

Dieser Prozess der Unterscheidung für das Leben eines jeden Christen steht dabei in großen geistlichen Traditionen[6], wie auch im heutigen Fokus Papst

---

[6] Der heilige Thomas von Aquin betonte, „dass die Unterscheidung und Vielheit der Dinge aus der Absicht des ersten Wirkenden stammt", dessen, der will, „dass das, was dem einen Geschöpfe in der Darstellung der göttlichen Güte fehlt, aus einem anderen ergänzt wird", weil seine Güte „durch ein einzelnes Geschöpf nicht hinreichend

Franziskus', der bereits in seinem programmatischen Schreiben *Evangelii Gaudium* diesen Prozess thematisierte:

> Niemals verschließt es [das Herz] sich, niemals greift es auf die eigenen Sicherheiten zurück, niemals entscheidet es sich für die Starrheit der Selbstverteidigung. Es weiß, dass es selbst wachsen muss im Verständnis des Evangeliums und in der Unterscheidung der Wege des Geistes, und so verzichtet es nicht auf das mögliche Gute, obwohl es Gefahr läuft, sich mit dem Schlamm der Straße zu beschmutzen.[7]

In dem vatikanischen Vorbereitungsdokument wird die geistliche Gabe der Unterscheidung auf die Berufung konkret zugespitzt:

> Es geht hier um die Unterscheidung im Hinblick auf die Berufung, d. h. um den Prozess, innerhalb dessen ein Mensch dazu gelangt, im Dialog mit dem Herrn und im Hören auf die Stimme des Geistes, ausgehend

---

dargestellt werden kann" (*Summa Theologiae* I, q. 47, a. 1). Deshalb müssen wir die Vielheit der Dinge in ihren vielfachen Beziehungen (vgl. *Summa Theologiae* I, q. 47, a. 2, ad 1; q. 47, a. 3) erfassen. Aus ähnlichen Gründen haben wir es nötig, einander zu hören und uns in unserer partiellen Wahrnehmung der Wirklichkeit und des Evangeliums gegenseitig zu ergänzen.

[7] FRANZISKUS, Apostolisches Schreiben *Evangelii Gaudium*. 24. November 2013, Nr. 45, in: AAS 105 (2013) 1019-1137, hier: 1039.

vom Lebensstand, die grundlegenden Entscheidungen zu treffen.[8]

Bereits diese klare Formulierung im ersten die Synode vorbereitenden Dokument, dass die Methode der Unterscheidung als ein Schritt auf dem Weg zur Entscheidung charakterisiert werde, unterstreicht deutlich, dass das Ziel des Begleitens und Unterscheidens eine freudvolle Entscheidung in Freiheit sein solle.

Die von einzelnen Akteuren im deutschen Sprachraum ausgegebene Übersetzung des italienischen Synodentitels „*I giovani, la fede e il discernimento vocazionale*" mit dem Titel „Die Jugendlichen, der Glaube und die Berufungsunterscheidung" muss daher erklärend zugespitzt werden. Die deutschen Bischöfe taten dies und charakterisierten die Unterscheidung als

> einen klassischen Begriff der Tradition der Kirche, der auf viele verschiedene Situationen angewandt wird. So gibt es die Unterscheidung der Zeichen der Zeit, die darauf ausgerichtet ist, die Gegenwart und das Wirken des Geistes in der Geschichte zu erkennen; die moralische Unterscheidung, welche Gut und Böse unterscheidet; die geistliche Unterscheidung, der es darum geht, die Versuchung zu erkennen, um sie zurückwei-

---

[8] Vgl. Anm. 2.

sen und auf dem Weg zur Fülle des Lebens weitergehen zu können.[9]

Dieses Weitergehen zur Fülle des Lebens, z. B. in
Form geistlicher Begleitung oder spiritueller Vorsät-
ze, kennzeichnet äußere Merkmale einer Entscheidung, für welche die Synode sensibilisieren möchte.
Anders gesagt: Bereits das vatikanische Vorbereitungsdokument möchte nicht einen Prozess der Unterscheidung um der Unterscheidung willen, sondern
mit dem Ziel eines freudvollen Lebens. Hierzu
knappe Gedanken zur pastoralen Tätigkeit.

1.3 Die pastorale Tätigkeit

Der Prozess der Unterscheidung als auch die Begleitung bei der Berufungsfindung verdeutlichen, dass
die anstehende Synode auch pastorale Aspekte an-
sprechen wird. Wenngleich diese Aspekte in dem vatikanischen Vorbereitungsdokument noch nicht sehr
ausgereift sind – beispielsweise wird kein Pastoral-
konzept für Jugendpastoral in den *social media* vorgelegt –, wird der Fokus auf die Begleitung implizit ge-
legt. Dies geschieht, indem die Erfahrung des Glaubens als eine explizit pastorale Dimension angespro-

---

[9] DBK (Hrsg.), Art. Was heißt „Unterscheidung" im Sinn
der Synode?, in: https://dbk.de/de/themen/kirche-und-
jugend/bischofssynode-jugend-2018/ (aufgerufen am 31.
Juli 2018).

chen wird, die durch Begleitung gangbar gemacht werden kann. Dabei sind Jugendliche sowohl Subjekt als auch Objekt der begleitenden Pastoral.

2. Text der Vorsynode (24. März 2018)

Der nächste Schritt auf dem Weg zur Jugendsynode war eine im März 2018 durchgeführte Vorsynode der Jugendlichen. Dieser Schritt ist in einem gewöhnlichen Vorbereitungsprozess auf eine Ordentliche Generalversammlung der Bischofssynode bis zur Jugendsynode nicht üblich gewesen[10], und zeigt daher

---

[10] Vgl. FRANZISKUS, Apostolische Konstitution *Episcopalis Communio* über die Bischofssynode; in den AAS noch nicht veröffentlicht; in: http://press.vatican.va/content /salastampa/it/bollettino/pubblico/2018/09/18/0653/0 1389.html (aufgerufen am 04. Oktober 2018). Am 18. September 2018 veröffentlichte der Hl. Stuhl die am 15. September 2018 approbierten Statuten der Apostolischen Konstitution *Episcopalis Communio*, die ein neues Procedere des Ablaufes von weltkirchlichen Bischofssynoden konstituieren: So können auch andere Teilnehmer zur Synode berufen werden, die nicht mit dem bischöflichen *munus* ausgestattet sind (vgl. Art. 2) und die Zeit der vorbereitenden Konsultation des Volkes Gottes – wie er zur Jugendsynode erfolgte – wird durch das neue Schreiben institutionalisiert: „Die Konsultation des Gottesvolkes wird in den Teilkirchen durch die Bischofssynode der Patriarchate und der großerzbischöflichen Kirchen, die Hierarchen der Kirchen *sui iuris* und die Bischofskonferenzen durchgeführt. In jeder Teilkirche füh-

umso mehr die Realisierung des Ansatzes des Vorbereitungsdokumentes, Jugendliche auch zu Subjekten
der Pastoral zu machen. Über 350 Jugendliche aus
allen Bereichen der Universalkirche, mehrheitlich katholischen Bekenntnisses, aber auch anderen Glaubens sowie keines religiösen Zugangs, zudem mehr
als 15 000 aktive Nutzer von *Facebook*, die online
Themen mit diskutierten, und mehr als zwanzig
Sprachgruppen kennzeichneten den einwöchigen
Arbeitsprozess der Jugendlichen im Vatikan. Die Beratungen mündeten in einen Arbeitstext, der Impulse
des Vorbereitungsdokumentes aufnimmt, vordergründig aber Anliegen der Jugendlichen bespricht.

---

ren die Bischöfe eine Befragung des Gottesvolkes durch
und bedienen sich dabei der vom Recht vorgesehenen
Organismen, ohne jedwede andere Modalität auszuschlie
ßen, die sie für angemessen erachten." (Art. 6 § 1).

Nach dieser Konsultationsphase folgt ein inhaltliches
Zusammenführen auf der Ebene des Generalsekretariats
(vgl. Art. 7), die Einberufung einer vorbereitenden Versammlung (vgl. Art. 8) und die Errichtung einer vorbereitenden Kommission (vgl. Art. 10). Nach Durchführung
dieses synodalen Prozesses wird eine Kommission gebildet, die ein Abschlussdokument verfasst. Wenn der
Hl. Vater dieses Dokument veröffentlicht und ausdrücklich verabschiedet, gehört dieses zum ordentlichen Lehramt des römischen Pontifex (vgl. Art. 18 § 2).

Summierend lässt sich resümieren, dass die praktische
Vorbereitung der Jugendsynode in weiten Zügen der neuen Rechtspraxis nach *Episcopalis Communio* entspricht.

Diese sind wiederum in einem textlichen Dreischritt gegliedert, der zunächst im ersten Abschnitt die Herausforderungen und Chancen junger Menschen bespricht.

2.1 Die Herausforderungen und Chancen junger Menschen in der heutigen Welt

Die Jugendlichen charakterisierten auf ihrer Synode fünf Bereiche, in denen sie Chancen und Herausforderungen für ihre Lebensgestaltung sehen: Persönlichkeitsentwicklung, Beziehung zu anderen Menschen, junge Menschen und Zukunft, Beziehung zur Technologie und Suche nach Bedeutung im Leben. Diese fünf Bereiche, welche die Jugendlichen benannten, haben zunächst gemein, dass sie nicht explizit für die religiöse Gottesbegegnung oder Glaubensvermittlung bestimmt sind. Sie sind Orte menschlichen Lebens, die alle jungen Menschen tangieren und damit in der Welt zu Hause sind.

Dass jedoch in diesen einzelnen Gestaltungspunkten im Leben der christliche Glaube guten Input geben kann, wird ersichtlich, wenn man sich beispielsweise die Vorstellungen von Persönlichkeitsentwicklung genauer ansieht.

> Wir erkennen Orte, die hilfreich für die Entwicklung ihrer Persönlichkeit sind, besonders die Familie, die eine bedeutende Rolle einnimmt. In vielen Teilen der Welt tragen die Rolle der Ältesten und die Achtung

vor den eigenen Vorfahren zur Identitätsbildung bei. Das wird jedoch nicht überall so wahrgenommen, da an anderen Orten das traditionelle Familienmodell an Bedeutung verliert. [...] Die Kirche muss daher Familien und deren Entwicklung besser unterstützen. Dies ist besonders relevant in einigen Ländern ohne Meinungsfreiheit, in denen junge Menschen – insbesondere Minderjährige – daran gehindert werden, zur Kirche zu gehen und darauf angewiesen sind, zu Hause von ihren Eltern im Glauben erzogen zu werden.[11]

Bei aller Sensibilität für die Entwicklung der eigenen Persönlichkeit stellen die Jugendlichen die Familie vorne an, die bekanntlich dann einen sicheren Halt gibt, wenn sie in sich geeint ist (vgl. Mk 3,25). Zudem wird dieser pastorale Ort in der Welt mit einem christlichen Auftrag versehen. Somit lässt sich feststellen, dass Jugendliche von der Kirche auch eine religiös begründete Antwort auf Herausforderungen des menschlichen Lebens erwarten.

Ganz explizit thematisieren die Jugendlichen auch einen Ort, der die heutige junge Generation anders trifft als alle vorhergehenden Generationen.

---

[11] Abschlussdokument des Vorbereitungstreffens der Bischofssynode, 24. März 2018; in den AAS noch nicht veröffentlicht; in: http://www.synod2018.va/content/synod2018/de/abschlussdokument-des-vorbereitungstreffens-der-bischofssynode.html (aufgerufen am 31. Juli 2018).

Die Jugendlichen sind gefragt!

Der Einfluss sozialer Medien („Social Media") auf das Leben junger Menschen ist nicht zu unterschätzen. Sie sind ein wichtiger Teil der Identität und der Lebensweise junger Menschen. Eine digitale Lebenswelt hat großes Potenzial, Menschen wie nie zuvor über geografische Entfernungen hinweg zu vereinen. Der Austausch von Informationen, Idealen, Werten und gemeinsamen Interessen ist jetzt besser möglich. Der Zugang zu Online-Lernmöglichkeiten hat die Bildungschancen junger Menschen in abgelegenen Gebieten verbessert und ihnen das Wissen der Welt greifbar gemacht. [...] Die Kehrseite der Technologie wird jedoch offensichtlich, wenn daraus bestimmte Laster entstehen. Diese Gefahr zeigt sich durch Isolation, Faulheit, Trostlosigkeit und Langeweile. Es ist offensichtlich, dass junge Leute auf der ganzen Welt obsessiv Medienprodukte konsumieren. [...] Junge Menschen neigen oft dazu, ihr Verhalten in Online- und Offline-Bereiche zu unterteilen. Es ist notwendig, jungen Menschen Bildungsangebote zu unterbreiten, wie sie ihr digitales Leben führen sollten.[12]

Die Frage nach dem Umgang mit und in den *social media* ist für die Jugendlichen eine dringende Frage. Sicherlich gibt es kein kirchliches Programm, in welcher Form Menschen die *social media* nutzen sollten. Die verschiedenen päpstlichen Botschaften zum alljährlichen Welttag der sozialen Kommunikationsmittel zeigen aber, dass die Kirche seit langem mit ei-

---

[12] Wie Anm. 11.

nem Zugang zu den *social media* ringt und dieser nicht erst mit dem Prozess zur Jugendsynode beginnt.[13]

2.2 *Glaube und Berufung, Unterscheidung und Begleitung*

Zu Beginn des zweiten Abschnitts des Textes der Vorsynode betonen die Jugendlichen, dass die Kirche nicht eine NGO ist, die ausschließlich humanitäre Hilfe weitergibt. Die Begegnung mit Jesus Christus sowie das Wissen um die Kirche als *communio* sind christologisch-ekklesiologische Umstände, welche als erste zur Frage des Glaubens thematisiert werden. Wird Jesus Christus von der übergroßen Mehrheit der Jugendlichen als Gottes Sohn und positives Vorbild verstanden, ist das Bild von Kirche differenzierter.

Spannend wird für uns die Sichtweise Jugendlicher auf das Verständnis von Berufung:

„Berufung" ist mitunter als etwas Abstraktes dargestellt worden, das außerhalb des Verständnisses vieler liegt. Jugendliche verstehen allgemein, was es heißt, dem Leben Sinn zu geben und für ein Ziel zu leben, aber viele wissen nicht, wie das mit Berufung als ei-

---

[13] Vgl. Sebastian KIEßIG, Familie – Medien – Mensch: Positive Zugänge der katholischen Kirche zu social media, in: *Media w rodzinie w perspektywie pastoralno-spolecznej* (Studia i Materiaty Wydzialu Teologicznego Uniwersytetu Slaskiego w Katowicach, Band 88), Kraków 2018, S. 27-44.

nem Geschenk und dem Ruf Gottes verknüpft sein kann. […] Für junge Menschen verschiedener Glaubensrichtungen gehören zu dem, was eine Berufung ausmacht, Leben, Liebe, Sehnsucht, ein Platz in der Welt und ein Beitrag in ihr sowie die Möglichkeit, etwas zu bewirken. Der Ausdruck „Berufung" ist vielen jungen Menschen nicht sehr klar; daher bedarf es eines besseren Verständnisses christlicher Berufung (zu Priestertum und Ordensleben, Laienamt, Ehe und Familie, Rolle in der Gesellschaft usw.) sowie des universellen Rufs zur Heiligkeit.[14]

Nach anfänglichem Fremdeln mit dem Begriff der Berufung empfinden folglich die Jugendlichen unterschiedlichen Glaubensbekenntnisses diesen als einen allgemeinen Ruf zum Leben in Würde und Sinnhaftigkeit. Des Weiteren wird der christliche Berufungsbegriff als einer verstanden, der über die klassischen kirchlichen Dienstämter hinausgeht und jede Lebensform, die im Evangelium grundgelegt ist, als einen Ausdruck von Berufung versteht. Mit diesem Zugang haben die Jugendlichen ihr Verständnis von Berufung gangbar gemacht und damit den Wert des Anrufes Jesu an seine Jünger, der durch die geistliche Tradition als Berufung gekennzeichnet wurde, für das 21. Jahrhundert erschlossen.

---

[14] Wie Anm. 11.

Die konkrete Umsetzung der eigenen Berufungsfindung stellen sich die Jugendlichen jedoch schwierig vor:

> Die eigene Berufung zu erkennen, kann ein Abenteuer
> auf dem Lebensweg sein. […] Viele junge Menschen
> wissen nicht, wie sie den Prozess der Berufung be-
> wusst angehen sollten.[15]

Diese geäußerte Zögerlichkeit der eigenen Unterscheidung von Berufung verdeutlichen die Jugendlichen, indem sie ihre eigenen und zugleich hohen
Erwartungen an die Begleiter des Berufungsweges
formulieren: Stille vorleben, gläubige Lebensführung,
Sensibilität für persönliche Entwicklungen aber auch
kirchliche Vollzüge und vor allem die Beziehung von
Herz zu Herz sind nur einige Kriterien.

Dieser Zugang zu Berufung und Begleitung verdeutlicht, dass die Jugendlichen einerseits viele Formen von Lebensführung als eine Berufung verstehen
und anderseits auch die Sehnsucht verspüren, individuell begleitet zu werden, um zu einer für sie guten
Entscheidung zu kommen. Gerade diese Form der
Begleitung kann für die deutschsprachige Pastoral
eine bleibende Herausforderung sein – gilt es doch,
gläubige Christinnen und Christen im Volke Gottes
für diesen wichtigen Dienst zu sensibilisieren, unab-

---

[15] Wie Anm. 11.

hängig von einem möglichen Anstellungsverhältnis in der Kirche.

2.3 Die bildende und seelsorgliche Tätigkeit der Kirche

Im abschließenden dritten Teil des Textes wird die bildende und seelsorgliche Tätigkeit der Kirche thematisiert: War die pastorale Perspektive im vatikanischen Vorbereitungsdokument vergleichsweise allgemein gehalten und wenig spezifiziert, wird der praktische Aspekt des kirchlich-pastoralen Dienstes an den Jugendlichen durch diese klar konkretisiert:

> Junge Menschen haben viele Fragen zum Glauben und verlangen nach Antworten, die weder oberflächlich noch vorformulierte Antworten sind.[16]

Jugendliche verlangen folglich von der Kirche, dass diese das Glaubensgut verkündet, dass sie es rational durchdrungen argumentativ vermitteln und zugleich aber auch aus der Perspektive des liebenden Herzens mit ihrem Zeugnis glaubhaft bezeugen kann. Diese Anforderungen richten sich an Verstand, Herz und Leben der Kirche, sowohl der gesamten Gemeinschaft als auch eines jeden einzelnen Christen, der sich im Bereich der kirchlichen Jugendarbeit engagiert.

---

[16] Vgl. Anm. 11.

Zudem wird von den Jugendlichen ein christologischer Bezugspunkt zur Kirche gefordert:

> Die Kirche zieht die Aufmerksamkeit junger Menschen auf sich, wenn sie in Jesus Christus verwurzelt ist. Christus ist die Wahrheit, die die Kirche von jeder anderen weltlichen Gruppe, mit der wir uns identifizieren können, unterscheidet. Deshalb bitten wir die Kirche, geleitet vom Heiligen Geist, weiterhin die Freude des Evangeliums zu verkünden.[17]

Die Rückbindung an Jesus Christus wie auch das Evangelium zeigt deutlich, dass die Jugendlichen auf der Vorsynode die Kirche keinesfalls eine NGO ansehen, sondern einen religiösen Konnex charakterisieren, der diese von allen anderen sinnstiftenden Organisationen unterscheidet. Der äußere Reiz sich mit der Gemeinschaft der Kirche zu beschäftigen und sodann mit und in ihr zu identifizieren, liegt in der Ausrichtung auf Jesus Christus – in der Wahrheit, d. h. mit dem Verstand, im Hl. Geist, z. B. in Form eines Glaubenszeugnisses und mit der Freude des Evangeliums, also in der tatkräftigen Korrelation mit dem eigenen Leben.

Einer solchen kirchlichen Gemeinschaft möchten die Jugendlichen viel stärker als bislang in den *social media*, in freiwilligen sozialen Jahren (Gap Year Experience), in den Künsten und der Schönheit, aber

---

[17] Vgl. Anm. 11.

auch in Anbetung, Meditation und Kontemplation, in Zeugnissen sowie weiteren synodalen Prozessen begegnen. Hervorzuheben an diesen Wünschen der Jugend ist, dass diese sich eine wesentlich evangelisierendere Kirche beispielsweise in den *social media* wünschen. Damit wollen Jugendliche eine handelnde Kirche, die dieses Handlungsfeld schon selbst erkannt hat –

> Das Internet bietet der Kirche bisher ungeahnte Möglichkeiten zu evangelisieren, vor allem mit den sozialen Medien und Online-Videos.[18]

– zugleich aber sich selbst enge Grenzen gesetzt hat.[19]

Weiterhin hervorzuheben ist das Angebot der Jugendlichen auf der Vorsynode, auch selbst pastorale Wege, z. B. als *digital natives*, zu gestalten. Der Gedanke des vorbereitenden Dokumentes, dass Jugendliche Subjekte wie auch Objekte der Pastoral seien, wird also von den Jugendlichen selbst im Rahmen der Vorsynode mit Leben gefüllt. Auf dieser Vorsynode ließ sich feststellen, dass die Jugendlichen für

---

[18] Wie Anm. 11.

[19] Vgl. FRANZISKUS, Kommunikation im Dienst einer authentischen Kultur der Begegnung, Botschaft von Papst Franziskus zum 48. Welttag der sozialen Kommunikationsmittel, in: AAS 106 (2014) 113-116.

die Thematiken von Berufung, Begleitung, *social media* und Welt neue Sensibilitäten einbrachten.

3. *Instrumentum Laboris* (19. Juni 2018)

Das dritte die Synode vorbereitende Dokument ist das sog. *Instrumentum Laboris*, dasjenige Arbeitsdokument, auf das sich die Diskussionen bei der Synode vordergründig beziehen. In seinem Vorwort zu diesem Text notiert der Generalsekretär der Bischofssynode, Kardinal Lorenzo Baldisseri, dass das Dokument sich auf vier vordergründigen Quellen stützt: Dem vorbereitenden Dokument, dem Text der Jugendlichen der Vorsynode, dem Fragebogen an die nationalen Bischofskonferenzen bzw. Ortskirchen und dem Online-Fragebogen der Jugendlichen.[20]

Auch das *Instrumentum Laboris* ist wieder in einen inhaltlichen Dreischritt unterteilt und folgt – stärker als die beiden vorhergehenden Texte – dem klassi-

---

[20] Vgl. Lorenzo Kardinal BALDISSERI, Präsentation des *Instrumentum Laboris* „Die Jugendlichen, der Glaube und die Erkenntnis der Berufung", 08. Mai 2018; in den AAS noch nicht veröffentlicht; in: http://www.synod2018.va/content/synod2018/de/instrumentum-laboris--die-jugend lichen--der-glaube-und-die-erken.html (aufgerufen am 31. Juli 2018).

schen pastoraltheologischen Dreischritt Sehen – Urteilen – Handeln.

3.1 Erkennen: Die Kirche beim Anhören der Realität

„Der erste Schritt besteht im Anschauen und Zuhören."[21] Mit diesem sehenden Ansatz greift das Arbeitsdokument für die anstehende Jugendsynode den Zugang der vorhergehenden Dokumente auf, zunächst einmal einen Überblick über alle Sozialformen menschlichen Lebens zu erlangen. Dabei gilt es die weltweit stark voneinander abweichenden Erfahrungen und Ausdrucksformen wahrzunehmen. Ganz ausdrücklich würdigt das Arbeitsdokument dabei die Überlegungen der Vorsynode der Jugendlichen, die als ein „Realitätsansatz mit genauen spezifischen Kenntnissen" bezeichnet werden.

Wichtig ist dieser weltkirchlichen Wahrnehmung, ein sensibles Bewusstsein für die anthropologischen und kulturellen Herausforderungen zu entwickeln. In Teilen der Welt, so das Arbeitsdokument, dominiere

---

[21] *Instrumentum Laboris* „Die Jugendlichen, der Glaube und die Erkenntnis der Berufung", 27. Juni 2018; in den AAS noch nicht veröffentlicht; in: http://www.synod2018.va/content/synod2018/de/instrumentum-laboris--die-jugendlichen--der-glaube-und-die-erken.html (aufgerufen am 31. Juli 2018) Nr. 3.

eine Kultur der Unentschlossenheit[22], die dazu führe, dass der Prozess der Berufung im Moment des Wählens zum Stillstand komme. Das Dokument konkretisiert:

> Manchmal wünscht man sich Sicherheiten von außen, die nicht mit der Mühe des Handelns im Glauben verbunden sind, indem man sich dem Wort Gottes anvertraut; und manchmal überwiegt die Angst, seine Überzeugungen zu verraten, wenn man sich den Überraschungen Gottes öffnet.[23]

Beim Blick auf die Welt wird also eine Entscheidungsunfähigkeit angesichts zu vieler Auswahlmöglichkeiten festgestellt. Gerade Jugendliche suchen in ihrem Zuhören nach Menschen, die ihnen angesichts der vielfältigen Lebensmöglichkeiten, einen Zugang zum Wort Gottes eröffnen, so dass eine Entscheidung real gelebt werden kann.

Der Schritt des Erkennens selbst, damit der erste Schritt des *Instrumentum Laboris*, praktiziert beim Blick auf die Welt die Methode der Unterscheidung, indem die Fähigkeit zu Erkenntnis und Unterscheidung darin eingeübt wird, „das Wirken des Geistes zu erkennen und sich in wahrem spirituellen Gehorsam mit ihm ein Einklang zu bringen".[24] Diese Un-

---

[22] Wie Anm. 21, Nr. 61.

[23] Eben da.

[24] Wie Anm. 21, Nr. 2.

terscheidung äußert sich im Zuhören (auf die Ereignisse in der Welt), in der Fähigkeit zur kreativen Treue gegenüber dem Auftrag des Herrn und in einer praktischen Seelsorge, die Jugendlichen heute praktische Wege zur Erkenntnis aber auch Gottesbeziehung ermöglicht.

Auffällig ist an diesem ersten Schritt des Arbeitsdokumentes für die anstehende Synode, dass bereits in der Methode zur Unterscheidung beim Blick auf die Welt ein christologischer Blick auf die seelsorgliche Begleitung angesprochen wird. Die Weitung des Begriffes Berufung auf die Menschheit erfährt folglich in diesem Dokument eine Fokussierung auf eine christologisch orientierte Pastoral, die zugleich aber auch die verschiedenen Formen der Berufung – die über jene des priesterlichen Dienstes oder des geweihten Lebens hinausgehen – umfassen. Deswegen wird im zweiten Textabschnitt des Dokumentes das Interpretieren der Berufungserkenntnis reflektiert.

3.2 Interpretieren: Glaube und Berufungserkenntnis

Bereits mehrfach hat Papst Franziskus in seinem Pontifikat darauf hingewiesen, dass der Glaube ein fester Sitz im Leben ist und einer angemessenen Interpretation bedarf.[25] Diese Intention des Papstes nimmt das Arbeitsdokument auf, indem es sich ausgiebig mit der Kunst der Begleitung beschäftigt. Nachdem das *Instrumentum Laboris* die grundlegende Bedeutung der geistlichen Begleitung bereits in der Tradition der Kirche verortet[26], wird festgestellt, dass

> die Berufungsbegleitung heute ein Prozess ist, der die Freiheit, die Bereitschaft zum Schenken und die Fähigkeit zur Integration der verschiedenen Lebensbereiche in einen Sinnhorizont freisetzen kann.[27]

Zudem sei die Begleitung der jungen Generation keine Zusatzaufgabe zur Aufgabe ihrer Erziehung und Evangelisierung, sondern eine Pflicht der Kirche und ein Recht eines jeden jungen Menschen.

Der Berufungsbegleitung wird folglich ein längerer Zeitraum zugedacht, der die Sinnfindung des eigenen Lebens im Lichte Gottes als Zielstellung benennt. Dabei stellen jedoch die verschiedenen Bischofskonferenzen fest, dass einige unter der Begleitung ein „christliches Coaching", andere Angebote im weiteren Sinne wie z. B. gelegentliche Begegnungen oder gute Ratschläge verstehen.[28] Diese unter-

---

[25] Vgl. FRANZISKUS, Enzyklika *Lumen fidei*, in: AAS 105 (2013) 555-596.

[26] Wie Anm. 21, Nr. 120.

[27] Wie Anm. 21, Nr. 121.

[28] Vgl. Anm. 21, Nr. 122.

schiedlichen Auffassungen von geistlicher Begleitung werden auch von den Jugendlichen wahrgenommen, die von Seelsorgenden die Begleitung systematisch erwarten, indem sie Zeugnis und Menschlichkeit der Begleiter einfordern, aber auch, dass diese sich bewusst sind, dass der erste Begleiter immer Jesus Christus selbst sein soll.[29] Die Intensität des Arbeitsdokumentes, mit denen Anforderungen an die Begleiter ausformuliert werden – spirituelle, psychologische und sakramentale Begleitung, Begleitung in Familie, Ausbildung und Gesellschaft, bei der Interpretation der Zeichen der Zeit, im Alltag und der kirchlichen Gemeinschaft[30] – zeigen, dass die Kunst der Begleitung eine ist, deren Methodik in der heutigen Zeit nicht mehr umfänglich „funktioniert". Somit regt das Arbeitsdokument für die anstehende Synode an, die Begleitung selbst zu einer inhaltlichen Themenstellung zu erheben.

Papst Franziskus, der in diesem Arbeitsdokument an prominenter Stelle zu Wort kommt, konstatiert nochmals selbst, dass die Berufung eine ist, die alle Menschen vereint und damit von allen Menschen unterschieden und erkannt werden soll.[31] Des Weiteren spielt aber in christlichem Kontext die persönli-

---

[29] Wie Anm. 21, Nr. 130.

[30] Vgl. Anm. 21, Nr. 123-129.

[31] Vgl. Anm. 21, Nr. 109.

che Gottesbeziehung in die Berufung hinein, so dass sich Gott selbst ganz konkret auf das soziale, politische oder berufliche Engagement beziehen kann. Damit geht die christliche Form der Berufung über die „klassischen Felder von Berufung", d. h. dem priesterlichen Dienst, Ehe und Familie sowie einer Ordensberufung hinaus.

3.3 Wählen: Wege der pastoralen und missionarischen Veränderung

Dem Arbeitsdokument schwebt im dritten Gliederungsabschnitt der Impuls von Papst Franziskus vor, den eingeschlagenen Weg der Kirche und des Volkes Gottes weiterzugehen.[32] Dieser Weg zeichnet sich dadurch aus, dass die Kirche eine generative Kirche ist, eine, in der das Volk Gottes wächst, d. h. die verschiedenen neuen Aspekte des persönlichen Lebens in die Beziehung zu Gott setzt. Das bedeutet, dass der Weg zur Berufungserkenntnis einen ganzheitlichen Blick gewinnt, der über den reinen Utilitarismus, d. h. den konkreten Nutzen nach einem Investment, hinausgeht.

Ein solches Wachsen des Volkes Gottes kann ganz vielfältig geschehen: Besonders die Jugendlichen haben auf der Vorsynode den Wert der Familie

---

[32] Papst FRANZISKUS, *Promulgatio* [mit Antrittsworten nach seiner Wahl zum Hl. Vater], in: AAS 105 (2013) 363f.

der Kirche neu in das Bewusstsein gerufen; die Kirche wertschätzt seit vielen Jahren die *social media*, welche als persönlichkeitsbildend mit Chancen und Risiken benannt werden und zudem anerkennt das Arbeitsdokument das hohe Potential von Jugendkulturen, welche in *peer-groups* den einzelnen Jugendlichen prägen können. Alle diese Prägungen und Entwicklungen müssen in den Blick genommen werden, wenn sie als Basis für eine Unterscheidung zur Berufungsentscheidung in den Blick genommen werden sollen. Die Entscheidung für die Annahme einer konkreten Lebensform erfordert neben Verständnis sowie guten Begleitern den Punkt des Wählens.

> Innerhalb dieser Perspektive bedeutet wählen, [...] konkrete Schritte zu übernehmen, damit wir als kirchliche Gemeinschaft immer effektivere Prozesse unserer Mission in Gang setzen können.[33]

Die Kirche nimmt sich also vor, auf der Synode möglichst konkrete Schritte anzusprechen, d. h. eine theologisch fundierte Handlungsperspektive für die Begleitung Jugendlicher auf ihrem Weg zur Berufungsentscheidung zu erarbeiten. Diese soll gleichzeitig effektiv sein: Sicherlich gilt es, diesen Begriff nicht utilitaristisch umzudeuten, dass nach folgenden Methodiken der Begleitung nachfolgende Berufung herauskäme – dies stünde im Widerspruch zum ge-

---

[33] Wie Anm. 21, Nr. 139.

samten bisherigen synodalen Prozess, aber auch dem biblischen Wissen, dass Jesus Christus der erste Begleiter aller Lebensphasen ist (vgl. Kol 3,3). Vielmehr heißt die theologische Kontextualisierung von Effizienz, dass dem Wunsch zahlreicher Jugendlicher entsprochen wird, von einem Glaubenszeugen unserer Tage, mit dem Charisma des Zuhörens auf dem Weg zur Berufungsentscheidung geführt zu werden, so dass diese das Kerygma erfahren und einen Platz in der *communio ecclesiae* finden. Diesen Weg zu gehen, heißt effizient im geistlichen Leben zu handeln, ohne einen Jugendlichen auf allzu vielen Umwegen zu seiner Herzensmitte zu führen. Dabei ist die Begleitung nicht gleichzusetzen mit Mission, d. h. dass diese Begleitung nicht unbedingt zum selben Lebensweg des Begleiters führen muss.

4. Zusammenführung: Was zeichnet diesen synodalen Prozess aus?

Den verschiedenen Dokumenten wären noch konkrete Beispiele sowie unterschiedliche Gedanken zu entnehmen. Bereits nach diesen ausgesuchten Aspekten können aber Beobachtungen zum Prozess der Jugendsynode zusammengeführt werden:

Zunächst einmal ist der bisherige synodale Prozess durch zwei größere empirische Erhebungen sowie insgesamt drei Dokumente gekennzeichnet. Diesen Dokumenten ist anzumerken, dass diese sich in ihrer Genese entwickelt haben, zugleich aber dennoch aufeinander beziehen. Stand zu Beginn des Prozesses die Frage der Berufung in der Welt und damit eine Konzentration auf das Besprechen der Umstände in der heutigen Zeit im Vordergrund, so dass folglich die pastorale Dimension noch sehr unscharf war, hat sich das christlich-theologische Verständnis mit pastoralen Vorschlägen mit den nachfolgenden Texten konkretisiert. Dass alle Menschen in der Welt eine Berufung haben, wurde anhand der Weitung des Begriffes der Berufung verständlich charakterisiert. Zugleich waren es vor allem die Impulse der Jugendlichen selbst, die eine Spezifizierung auf die christologische Dimension, die Gottesrede und die Begleitung durch erfahrene Christgläubige thematisch besetzten. Der synodale Prozess setzt also bei der Verantwortung in der Welt von heute an und arbeitet heraus, dass es aber auch einen konkreten christlichen Berufungsweg gibt, der einzelne Schritte beinhaltet.

Die zweite Entwicklung fokussiert nochmals das Ansinnen, dass der synodale Prozess möglichst realistische und greifbare Ergebnisse unterstützen will. Der Wunsch, zu einer Berufungsentscheidung zu kommen, verdeutlicht, dass die Methode der Unterscheidung die eines Prozesses ist, jeder Prozess aber auch ein Ergebnis erbringen soll. Das hohe Maß, das die Jugendlichen an Authentizität einfordern, charakterisiert die Ernsthaftigkeit, dass nicht jeder mögliche Weg erst einmal ausprobiert werden muss; vielmehr geht es um gute Begleitungen auf begründet gewählten und beschrittenen Wegen.

Sodann sind an dieser Synode die Jugendlichen beteiligt: Dies geschah durch den Online-Fragebogen im Jahr 2017, die Vorsynode im Jahr 2018 mit ihren 350 Teilnehmerinnen und Teilnehmern sowie diese Vorsynode begleitende Möglichkeiten, sich via *Facebook* an dem Prozess zu beteiligen. Des Weiteren nahmen aber auch über 40 Jugendliche als Auditoren an der Synode teil. Folglich hatten viele Jugendliche via Multimedia und ausgewählte Jugendliche während des gesamten synodalen Prozesses die Möglichkeit, ihren Input zur Jugendsynode zu geben. Hinzu kommen weitere Formen der Beteiligung, welche die verschiedenen Ortskirchen anbieten: Der Jugendbischof der Deutschen Bischofskonferenz richtete so eine Mailadresse ein (franziskus@afj.de), die alle Jugendlichen verwenden können, wenn sie Nachfragen zur oder Anliegen für die Synode haben.

Das bereits im Vorbereitungsdokument betonte Ansinnen, Jugendliche zu Subjekten und Objekten der Pastoral zu machen, wurde somit nicht nur zu einem theologisch formulierten Wunsch erhoben, sondern bereits im synodalen Prozess umgesetzt.

Das Gelingen des Lebens unserer heutigen Jugendlichen ist in unserem Interesse und Teil des Auftrags unseres Menschseins heute. Weil wir Menschen sind, wissen wir um die Berufung eines Jeden, weil wir Christen sind, setzten wir die christlichen Jugendlichen in die Beziehung zu Gott. Mit Papst Franziskus gesprochen

> mögen sie [die Jugendlichen] Zeugen Deiner Auferstehung sein und Dich lebendig neben ihnen erkennen, mögen sie freudig verkünden, dass Du ihr Herr bist.[34]

---

[34] FRANZISKUS, Gebet des Heiligen Vaters Franziskus für die Jugendlichen im Hinblick auf die Bischofssynode 2018, 27. Juni 2018; in den AAS noch nicht veröffentlicht; in: http://www.synod2018.va/content/synod2018/de/instrumentum-laboris--die-jugendlichen--der-glaube-und-die-erken.html (aufgerufen am 31. Juli 2018).

Berufung als Aufgabe –
Theologische Perspektiven im Kontext
der „Jugendsynode"

von Marco KÜHNLEIN

Die XV. Ordentliche Generalversammlung der Bischofssynode zum Thema „Die Jugendlichen, der Glaube, die Berufungsentscheidung" – im Folgenden kurz: Jugendsynode – hat sich zum Ziel genommen, Jugendliche und junge Erwachsene nicht nur in den Blick zu nehmen, sondern nach deren Blickwinkel zu fragen. Sie sollen für Kirche und Pastoral nicht nur Objekt bleiben, sondern zu teilhabenden Subjekten im synodalen Prozess, in der Kirche und in der pastoralen Arbeit werden.[1] Jugendliche und ihre möglichen Glaubens- und Lebenswege sind nicht nur die

---

[1] Vgl. Vorbereitungsdokument zur XV. Ordentlichen Generalversammlung der Bischofssynode „Die Jugendlichen, der Glaube, die Berufungsentscheidung" vom 13.1.2017, III 2; abgerufen unter: http://press.vatican.va/content/salastampa/it/bollettino/pubblico/2017/01/13/0021/00050.html (Zugriff am 26.11.2018).

Verhandlungsmaterie, sondern bilden vielmehr den Maßstab für den Blick in die Zukunft der Kirche. Dies bedeutet nichts anderes als einen dringend notwendig gewordenen Perspektivenwechsel, welchen die Kirche in Vorbereitung und in der Durchführung der Jugendsynode verhandeln und zugleich praktizieren möchte.

Um dieses Anliegen in die Tat umzusetzen, sollen an wichtigen Stellen des folgenden Beitrags die Äußerungen oder Haltungen von Jugendlichen eingebracht werden, wie sie diese selbst im synodalen Prozess formuliert haben. Dabei wird zunächst in zugespitzter Weise vorgestellt, was es bedeutet, in der heutigen Welt ein Jugendlicher oder eine Jugendliche zu sein und worin demnach die Herausforderungen des vor- und nachsynodalen Dialogs bestehen. Anschließend geht es um zwei zentrale theologische Konzeptionen der kommenden Jugendsynode, nämlich um „Berufung" und um „Unterscheidung". Abschließend werden einige Überlegungen angestellt, inwiefern Berufungs- und Unterscheidungsprozesse mehr an den Bedürfnissen junger Menschen orientiert in den Mittelpunkt kirchlich-pastoralen Handelns rücken könnten.

1. Jugendliche – Welt – Heute: Versuch einer Situationsbeschreibung

In Vorbereitung und Durchführung der Jugendsynode haben sich Verantwortliche in der Kirche vorgenommen, in einen echten Dialog mit Jugendlichen und jungen Erwachsenen einzutreten. Eher beiläufig merkt das Vorbereitungsdokument zur Synode an,

> [...] dass die Jugend nicht in erster Linie eine bestimmte Kategorie von Menschen identifiziert, sondern vielmehr eine Phase des Lebens ist, welche durch jede Generation in einer einzigartigen und unwiederholbaren Weise geprägt wird.[2]

Mit dieser Aussage wird anerkannt, dass „die Jugend" nicht als eine nach einem Lebensabschnitt definierte, sozial-gefügte Gruppe innerhalb des Milieukatholizismus zu betrachten ist. Insofern ist eine Verhältnisbestimmung „der Jugend" zu ihrer heutigen Umwelt unmöglich, weil es „die" Jugend als soziale Gruppe nicht mehr gibt.[3] Ein adäquater Sprachgebrauch ist es daher, grundsätzlich von „den Jugendlichen" zu sprechen, um den real existieren-

---

[2] Ebd., I.

[3] Vgl. Jan LOFFELD, Wunderbar komplex! Oder: Wie damit umgehen, dass es „die Jugend" nicht mehr gibt, in: Eva-Maria GÄRTNER, Sebastian KIEßIG, Marco KÜHNLEIN (Hrsg.), „...damit eure Freude vollkommen wird!". Theologische Anstöße zur Synode „Die Jugendlichen, der Glaube und die Berufungsentscheidung" 2018, Würzburg 2018, S. 79ff.

den Individualismen und der Diversität innerhalb dieser Altersgruppe gerecht zu werden.

Mit dieser Anerkennung entsteht die beträchtliche Herausforderung, auf globaler Ebene ein Gespräch mit einer äußerst heterogenen Gruppe zu führen, was dadurch verstärkt wird, dass die Synode alle Jugendlichen und jungen Erwachsenen unabhängig von ihrem Glauben in das Blickfeld nehmen möchte.[4] Dies macht den Dialogprozess interessant, zugleich jedoch höchst anspruchsvoll. Die Diversität unter den Jugendlichen hat sich im Verlauf des synodalen Wegs unter anderem dadurch gezeigt, dass verschiedene konkrete Entwicklungen, bspw. hinsichtlich moderner Technologien, Sexualität oder des Familienbildes, je nach Herkunft, Sozialisation oder Religion differenziert bis kontrovers gesehen und entsprechend in den synodalen Dokumenten abgebildet werden.[5]

Auch der persönliche Glaube bleibt bei solchen Ausdifferenzierungen nicht außen vor, wie folgendes Beispiel zeigt: Jugendliche konnten im Umfeld der

---

[4] Vorbereitungsdokument (wie Anm. 1), Einleitung.

[5] Vgl. z. B. das Abschlussdokument des Vorbereitungstreffens der Bischofssynode, 19.-24.03.2018 in Rom, v.a. Nr. 1, 4f; abgerufen unter: http://www.synod2018.va/con tent/synod2018/de/abschlussdokument-des-vorbereitungs treffens-der-bischofssynode.pdf (Zugriff am 20.11.2018).

Vorsynode in Form von 15 Hashtags Meinungen zu verschiedenen Themen posten. Einer dieser Hashtags lautete „#Jesus" und war mit folgender Frage verbunden:

> Auf welche Art und Weise wird die Person Jesu, wie sie uns die Hl. Schriften schildern, von den Jugendlichen des dritten Jahrtausends wahrgenommen?

Die Antworten und Meinungen der Jugendlichen sind in das Abschlussdokument der Vorsynode eingegangen:

> Die Beziehung der jungen Menschen zu Jesus ist so vielfältig wie die Zahl junger Menschen auf dieser Erde. Es gibt viele junge Menschen, die Jesus als ihren Erlöser und den Sohn Gottes sehen. Darüber hinaus finden junge Menschen oft Nähe zu Jesus über seine Mutter, Maria. Andere möchten eine solche Beziehung zu Jesus nicht haben, sehen ihn dennoch als eine moralische Führungsperson und einen guten Menschen. Wiederum andere sehen Jesus als eine historische Figur, die einer bestimmten Zeit und Kultur angehört, die für ihr Leben nicht relevant ist. Weitere nehmen ihn als von menschlicher Erfahrung entfernt wahr, in einer Distanz, von der sie glauben, dass die Kirche dies so wünscht. Falsche Bilder von Jesus, die einige junge Leute haben, führen dazu, dass sie sich nicht von ihm angezogen fühlen.[6]

---

[6] Ebd., Nr. 6.

Die Jugendsynode hat also nicht nur dem Ergebnis nach, sondern bereits in ihrer Vorbereitung und
Durchführung – durchaus in Steigerung zur sogenannten Familiensynode – ein (pastorales) Handlungsfeld der Kirche sichtbar werden lassen, das wesentlich von Heterogenität und Diversität geprägt ist.
Die Ursache hierfür liegt in verschiedenen Phäno-
menen, welche Alltag und Umfeld Jugendlicher und
junger Erwachsener prägen und unter dem Stichwort
„Globalisierung" subsummiert werden. Hierzu kann
an dieser Stelle nur ein kurzer Überblick folgen, den
ausführlicher das Vorbereitungsdokument sowie das
Instrumentum Laboris zur Synode[7] bieten.

Junge Menschen erleben sich heute nicht als passive Empfänger, sondern als aktive Gestalter ihres
eigenen Umfeldes und ihres Lebens, was insbesondere in Europa stark ausgeprägt ist. Sie werden un-
mittelbarer als früher zu „Subjekten des Wandels
und fähig, neue Möglichkeiten zu schaffen"[8]. Diese
individuelle Gestaltungsfreiheit bleibt nicht vor dem
Bereich des Religiösen stehen. Die Folge ist eine Plu-

---

[7] Vgl. Vorbereitungsdokument (wie Anm. 1), I; *Instrumentum Laboris* zur XV. Ordentlichen Generalversammlung
der Bischofssynode, Nr. 4-72; abgerufen unter:
http://www.synod2018.va/content/synod2018/de/instr
umentum-laboris--die-jugendlichen--der-glaube-und-die-e
rken.html (Zugriff am 17.11.2018).

[8] Vorbereitungsdokument (wie Anm. 1), I 3.

ralisierung im öffentlichen, sozialen, religiösen usw. Raum bei gleichzeitiger Individualisierung der eigenen, sich stetig verändernden Lebenswelt. Hierdurch entsteht eine für Jugendliche wahrnehmbare, dynamische Dialektik von Individualisierung und Homogenisierung, die sich auf das Verhältnis zwischen individueller Lebenswelt und Umwelt auswirkt: Es gibt eine immer enger zusammenrückende Welt, aber in ihr viele einzelne, sich immer neu justierende Lebenswelten mit dem Bedürfnis sich zu unterscheiden. Das Ganze geschieht unter dem Vorzeichen der Beschleunigung, welche dem Gefühl eines *„nihil certum"* weiter Vorschub leistet. Dabei stehen der Wille und die Freiheit zur aktiven Zukunftsgestaltung Jugendlicher nicht selten in Spannung oder gar im Widerspruch zu Zukunftsangst und Entscheidungsdruck. Beides bewirkt eine „Situation der Verletzlichkeit und Unsicherheit"[9] bis hin zur Orientierungslosigkeit oder Vereinsamung.

Aufgrund des von Unsicherheit geprägten, sich ungewiss verändernden Horizonts der eigenen Lebenswelt im Jetzt wird das Durchringen zu letztgültigen Entscheidungen, die auf die Zukunft hin festlegen, erschwert. Als Reaktion darauf gehen junge Menschen bei der „Ausbildung einer Identität immer

---

[9] Ebd., I 1.

mehr einen ,reflexiven' Weg"[10], der je neu veränderbare Optionen anstelle von bindenden Festlegungen bereithält.[11] Um flexibel mit Situationen umgehen zu können, sind folglich die Bezugspunkte der jugendlichen Lebenswelten nicht Strukturen oder geschlossene Systeme, die Masse und Individuum in ein festes Verhältnis setzt, sondern anpassungsfähige Netzwerke für verschiedene Lebensbereiche, in denen einzelne glaubwürdige Akteure von Bedeutung sind. Gefragt sind in erster Linie nicht unabänderbare Gewissheiten, sondern pragmatische Zugänge, die sich an der Projekthaftigkeit der Lebenssituation Jugendlicher orientieren. Die Bindungsbereitschaft an etablierte Institutionen oder überkommene Traditionen wird dadurch geringer. Dies manifestiert sich, v. a. in Westeuropa, nicht zuletzt in einer großen Skepsis Jugendlicher gegenüber der Kirche und gegenüber vorgefertigten Antworten. Entsprechend folgern Jugendliche: „Eine attraktive Kirche ist eine beziehungsorientierte Kirche."[12]

---

[10] Ebd., I 3.

[11] Das Zutreffen dieser These für Deutschland zeigt das Antwortschreiben der Deutschen Bischofskonferenz anlässlich der XV. Ordentlichen Generalversammlung der Bischofssynode „Jugend, Glaube und Berufungsunterscheidung" (= Pressemitteilungen der DBK 184a) vom 3.11.2017.

[12] Abschlussdokument (wie Anm. 5), Nr. 11.

Deutlich feststellbarer Ausdruck von Pluralisierung, Individualisierung, Homogenisierung, Beschleunigung und Deinstitutionalisierung ist das veränderte, digitale Kommunikationsgeschehen unter jungen Menschen. Über und in modernen Medien definieren sie selbst die Maßstäbe realer und virtueller Lebenswelten, entwickeln diese selbstständig und schnell, vernetzen sich untereinander nach Bedarf, können gleichermaßen anonym oder intim sein.

Diese zugegebenermaßen kurze Situationsbeschreibung muss im Hintergrund stehen, wenn man in den folgenden Schritten auf die Themen Berufung und Unterscheidung adäquat eingehen will.

2. Berufung – ein Begriff und seine Ausdifferenzierung

Von Jugendlichen und jungen Erwachsenen wird der Begriff „Berufung", wie im Kontext der Synode deutlich wurde, durchaus als problematisch angesehen.

> „Berufung" ist mitunter als etwas Abstraktes dargestellt worden, das außerhalb des Verständnisses vieler liegt. Jugendliche verstehen allgemein, was es heißt, dem Leben Sinn zu geben und für ein Ziel zu leben, aber viele wissen nicht, wie das mit Berufung als einem Geschenk und dem Ruf Gottes verknüpft sein kann.[13]

---

[13] Ebd., Nr. 8.

Zum einen könnte Berufung, wie es lange Zeit der Fall war, enggeführt werden auf die besondere Berufung zum Priester- oder Ordensleben und somit den größten Teil der Jugendlichen aus dem Blick verlieren. Zum anderen könnte mithilfe des Berufungsbegriffs auf unterschwellige Art und Weise die Erfüllung von kirchlichen Regeln und Geboten in den Vordergrund gerückt werden. Womöglich könne man sogar eine falsche Gottesvorstellung entwickeln, wenn man unter Berufung die reine Umsetzung eines göttlichen Plans versteht, der Menschen ohne Rücksicht auf eigene Gestaltungsfreiheit vorherbestimmt. Mit Blick auf die vorgenommene Situationsbeschreibung lassen sich solche Vorbehalte Jugendlicher gegenüber dem Berufungsbegriff erklären. Kann ein zeitgemäßes Berufungskonzept der Diversität, dem Selbstgestaltungswillen, der Institutionenkritik und dem veränderten Kommunikationsverständnis junger Menschen gerecht werden?

Theologisch betrachtet ist das Sprechen von Berufung ebenfalls nicht selbstverständlich. Stillschweigend setzt man damit die in Schrift und Tradition überlieferte Berufbarkeit des Menschen durch Gott[14]

---

[14] Vgl. zur Thematik: Gisbert GRESHAKE (Hrsg.), *Ruf Gottes – Antwort des Menschen. Zur Berufung des Christen in Kirche und Welt*, Würzburg 1991; Michael HÖFFNER, *Berufung im Spannungsfeld von Freiheit und Notwendigkeit* (= Studien zur

voraus, also ein äußerst komplexes Kommunikationsgeschehen, an das sich Anfragen stellen lassen: Spricht Gott? Wer ist der sprechende Gott? Wie tut er es? Warum tut er es? Ist sein Sprechen wahrnehmbar? Was ist die Botschaft? Wer ist der Adressat? Ist sein Sprechen an Bedingungen geknüpft? Wie reagiert der Hörer? Nicht weniger als der jüdisch-christliche Glaube an den sich mitteilenden, sich offenbarenden Gott und seine Beziehung zum Menschen steckt bereits hinter diesen Fragestellungen, die den Horizont bilden für das Sprechen von Berufung durch die Synode. Da dieser Glaube jedoch bei Jugendlichen und jungen Erwachsenen nicht als gegebene Voraussetzung gelten kann, spricht das *Instrumentum Laboris* verschiedene Dimensionen von Berufung[15] an, die modellhaft in drei Aussagen zusammengefasst werden sollen.

2.1 *Gott beruft Menschen zur Lebensgestaltung*

Mit der ersten Aussage wird in Vorbereitung auf die Jugendsynode eine Linie aufgegriffen, die Papst Paul VI. in seiner Enzyklika *Popolorum progressio* im Jahr 1967 wiederentdeckt und benannt hat:

---

systematischen und spirituellen Theologie 47), Würzburg 2009.

[15] Vgl. *Instrumentum Laboris* (wie Anm. 7), Nr. 85-102.

Nach dem Plan Gottes ist jeder Mensch gerufen, sich zu entwickeln, weil das Leben eines jeden Menschen von Gott zu irgendeiner Aufgabe bestimmt ist. Von Geburt an ist allen keimhaft eine Fülle von Fähigkeiten und Eigenschaften gegeben, die Frucht tragen sollen. Ihre Entfaltung, Ergebnis der Erziehung durch die Umwelt und persönlicher Anstrengung, gibt jedem die Möglichkeit, sich auf das Ziel auszurichten, das ihm sein Schöpfer gesetzt hat. […] Jeder Mensch kann durch die Kräfte seines Geistes und seines Willens als Mensch wachsen, mehr wert sein, sich vervollkommnen.[16]

Gott als gütiger Schöpfer allen Seins überlässt aus christlich-katholischer Perspektive sein Geschöpf Mensch nicht der Leere oder dem Zufall. Die Hl. Schrift legt Zeugnis davon ab, wie Gott sich als derjenige zeigt, der den Menschen Adam als sein Ebenbild ins Dasein ruft und ihm wie Abraham neue Lebensperspektiven ermöglicht. Gott zeigt sich als Retter Israels, der sein Volk in Freiheit setzt. Durch Propheten mahnt Gott zur Umkehr und zu einem rechtschaffenen Leben. Aus der Betrachtung der Schöpfungs- und Heilsgeschichte lässt sich also schließen, dass Gottes Ruf zur Vervollkommnung und Lebensgestaltung als Ausdruck seines Heilswil-

---

[16] Papst PAUL VI., Enzyklika *Popolorum progressio* vom 26.03.1967, Nr. 15; abgerufen unter: http://w2.vatican.va/content/paul-vi/de/encyclicals/documents/hf_p-vi_enc_26031967_populorum.html (Zugriff am 19.10.2018).

lens zunächst ausnahmslos an alle Menschen ergeht, auch an diejenigen, die das Rufen Gottes nicht hören, ihn als Schöpfer nicht anerkennen oder den christlichen Glauben nicht teilen. Diese Position ruft aber ebenso ins Gedächtnis, dass jeder Mensch dialogisch veranlagt ist, daher nicht allein aus sich heraus existiert und zum echten Wachstum das Sich-Selbst-Überschreiten benötigt.[17] Es bedarf einer Antwort des Menschen. In einem „Ja" zur individuell-menschlichen Existenz und ihrer Ausrichtung auf etwas Höheres kommt zum Ausdruck, dass das eigene Leben zum Gelingen bestimmt ist. So entsteht der Anspruch eines jeden, vor allem der jungen Menschen, als Geschöpfe Gottes, das Leben eigenverantwortlich und begleitet zu gestalten. Das Konzept einer solchen allgemeinen Berufung zur Lebensgestaltung beinhaltet, den Menschen zugleich vor Fatalismus als auch vor einer falsch verstandenen Selbstverwirklichung zu schützen.[18] Die Tatsache, dass der christliche Glaube immer Geschenk Gottes und Anstrengung des Menschen zugleich ist und damit nicht allgemein vorausgesetzt werden

---

[17] Vgl. Kurt KOCH, *Die Kirche Gottes. Gemeinschaft im Geheimnis des Glaubens*, Augsburg 2007, S. 43-45.

[18] Vgl. Papst PAUL VI., Enzyklika *Popolorum progressio* (wie Anm. 16), Nr. 16.

kann, wird bei dieser ersten Dimension von Berufung umfassend respektiert.

Die Jugendlichen begrüßten im Rahmen des synodalen Prozesses dieses allgemeine Verständnis von Berufung: Es ist

> […] für junge Menschen wichtig zu wissen, dass sie allein aufgrund ihres Lebens eine Berufung haben und dass alle dafür verantwortlich sind zu erkennen, wozu Gott sie ruft, wer sie sind und was sie tun sollen. Jede Berufung hat ihren Reichtum, der betont werden muss, um die Herzen junger Menschen für all ihre Möglichkeiten zu öffnen. Für junge Menschen verschiedener Glaubensrichtungen gehören zu dem, was eine Berufung ausmacht, Leben, Liebe, Sehnsucht, ein Platz in der Welt und ein Beitrag in ihr sowie die Möglichkeit, etwas zu bewirken.[19]

2.2 Gott beruft Menschen in sein Volk zur Gemeinschaft mit Christus

Wenn in Vorbereitung auf die Jugendsynode von Berufung die Rede ist, so ist damit eine zweite Dimension angesprochen, nämlich die zum Christwerden: Gott beruft Menschen in sein Volk zur Gemeinschaft mit seinem Sohn. Diese Form der Berufung zur Nachfolge Christi ist eine Präzisierung der allgemeinen Berufung zur Lebensgestaltung, wie sie durch die Schöpfung Gottes und seinen von Anfang

---

[19] Abschlussdokument (wie Anm. 5), Nr. 8.

an währenden Heilswillen grundgelegt ist. Die erste Berufungsdimension wird durch die dialogische Beziehung zu Christus, dem in die Welt gekommenen Wort Gottes, gleichsam weiter ausbuchstabiert. Das Eingangstor zur christlichen Berufung ist die Taufe, die den Menschen zu einer neuen Schöpfung macht, indem sie das Menschsein im Heiligen Geist hin zur christlichen Existenz wandelt.[20] Der einzelne Christ wie auch die Kirche als Gemeinschaft der Gläubigen dürfen sich in diesem Zusammenhang wechselseitig als *ecclesia*, also als Herausgerufene verstehen: Jugendliche werden von Gott in die Gemeinschaft der Kirche und damit aller Getauften berufen. Die Kirche als Volk Gottes wiederum ist berufen, den Einzelnen auf dem Glaubensweg zu fördern.

Im Licht des Glaubens und in Beziehung zu Christus klären und erweitern sich die Lebensoptionen. Dies hat auch Auswirkungen auf die Beziehungen des Christen zu sich selbst und zu seinen Mitmenschen. Dabei muss deutlich werden, dass diese Berufung in das Volk Gottes und in eine Beziehung zu Christus befreit und nicht einengt. Die Begegnung mit Jesus, insbesondere als dem auferstandenen Christus, ist der Schlüssel zu einer lebendigen Beziehung zum Vater. Das Neue Testament berich-

---

[20] Vgl. hierzu genauer: KOCH, *Die Kirche Gottes* (wie Anm. 17), S. 46-48, 94-110.

tet uns eine Vielzahl solcher Begegnungen mit Jesus. Es geht um ein von Christus beeindrucktes „Ja", in dem das Vertrauen zum Ausdruck kommt, dass das eigene Leben mit Gottes Hilfe zum Heil und zur Freude bestimmt ist.

Die Berufung in das Volk Gottes stellt vor allem in Westeuropa zweifellos die schwierigere Herausforderung bei der Förderung von Berufungsprozessen dar. Die Jugendlichen haben, wie bereits ausgeführt, höchst unterschiedliche Vorstellungen von Jesus und seiner Botschaft. Nicht selten verhindern das persönliche Verhalten von Kirchengliedern oder eine entfremdende Form der Verkündigung die Berufung Jugendlicher zum Christwerden[21], zumal das Angebot auf dem religiös-spirituellen Sektor attraktiv ist. Sie folgern daraus kritisch:

> Christen bekennen sich zu einem lebendigen Gott, obwohl einige an Gottesdiensten teilnehmen oder zu Gemeinschaften gehören, die tot zu sein scheinen.

---

[21] *Instrumentum Laboris* (wie Anm. 7), Nr. 174: „[…] vielmehr sollten wir, wie es mehrere Bischofskonferenzen bereits tun, von einer ‚Entfernung der Kirche von den Jugendlichen' sprechen: Die Kirche muss Veränderung möglich machen, ohne ihren eigenen fehlenden Schwung bei der Anleitung und ihre apostolische Zögerlichkeit anderen zur Last zu legen."

Junge Menschen fühlen sich von Freude angezogen, die ein Kennzeichen unseres Glaubens sein sollte.[22]

2.3 *Gott beruft Menschen zum christlichen Lebenszeugnis*

Innerhalb der Gemeinschaft der Christen beruft Gott dazu, Aufgaben an verschiedenen Orten des Lebens zu übernehmen und die unterschiedlichen Begabungen für die Kirchen- und die Weltgemeinschaft einzubringen. Christlicher Glaube und die Taufe bleiben damit nicht folgenlos, sondern münden in die Berufung zum Lebenszeugnis. Durch diese dritte Dimension von Berufung wird deutlich, dass Christsein keine Gesinnungsethik ist, sondern sich unterscheidbar in Handlungen und Lebensweisen ausdrückt. Durch die Gaben des Hl. Geistes besitzt die Kirche einen Schatz an Charismen, aus dem sie schöpfen kann und der die einzelnen Glieder zum Lebenszeugnis befähigt. Die Sakramente und die Gemeinschaft der Kirche wollen Stärkung für diese praktischen Vollzüge des Christseins sein. Es geht um ein geistgewirktes, ja man könnte sagen: heiliges „Ja" des Christen, durch das Gottes Liebe zum Menschen konkrete Gestalt annimmt und Konsequenzen schon in diesem Leben zeigt. In den Heiligen sind uns und den Jugendlichen Beispiele vor

---

[22] Abschlussdokument (wie Anm. 5), Nr. 7.

Augen gestellt, bei denen ein solches aussagekräftiges Leben in je individueller Weise gelungen ist.

Die Berufung zum christlichen Lebenszeugnis spitzt damit die zuvor geschilderte Berufung zum Christwerden zu und konkretisiert sich insbesondere in der Berufung zu Ehe und Familie, zum geweihten Priestertum und zum geistlichen Stand. In diesen Berufungsformen bildet sich konkret das Beziehungsverhältnis ab, das Gott als Schöpfer mit seiner Schöpfung sowie Christus mit seinem Volk aus Getauften eingegangen ist. Das Band dieser liebenden Beziehung ist der Hl. Geist. Dabei gilt es das zeitkritische und zeichenhafte Potential dieser drei christlichen Lebensformen wieder zu entdecken: Ehe und Familie als Abbild der Liebe Gottes zu den Menschen können als Gegenentwurf zur scheinbaren Übermacht von Kälte und Hass Zuspruch finden. Das Priestertum als Abbild des guten Heilswillens Gottes kann anerkannt werden, wenn es im Bewusstsein des Dienstcharakters sowie als Zeichen der Treue gegen Gottvergessenheit gelebt wird. Das geweihte Leben als Ausdruck von bewusst gelebter Vorläufigkeit und Demut kann zum Gegenbeispiel für Konsumismus und Egozentrierung werden.

Das Stimmungsbild unter den Jugendlichen hat ergeben, dass alle diese christlichen Lebensformen als Bereicherung empfunden werden, wenn sie nur authentisch als Berufung gelebt werden.

> Jugendliche wünschen sich eine Kirche, die ein leben-diges Zeugnis ist für das, was sie lehrt und von Au-thentizität zeugt auf dem Weg zur Heiligkeit, was auch die Anerkennung von Fehlern und die Bitte um Ver-gebung beinhaltet. Junge Leute erwarten von Leitern der Kirche – Klerikern, Ordensleuten oder Laien –, dass sie selbst das stärkste Beispiel dafür sind. Zu wis-sen, dass Glaubensvorbilder wahrhaftig und verletzlich sind, erlaubt es jungen Menschen, selbst authentisch und verletzlich zu sein.[23]

Zugleich richtet sich die Frage an die Synode, wie neuere Entwicklungen, bspw. dem Leben als Single oder der Bedeutungsverlust der ehelichen Gemein-schaft, in den Kontext der Berufung zu einem christ-lichen Lebenszeugnis einzubetten sind.

Zugunsten eines weiten Verständnisses von Beru-fung hat der bisherige synodale Prozess erste Mei-lensteine gesetzt, um den pluralen Lebens- und Glaubenssituationen der Jugendlichen und jungen Erwachsenen gerecht zu werden und deren Beru-fungswege nicht zu verzwecken. Das *Instrumentum Laboris* folgt damit dem Aufruf der Jugendlichen: „Wir sehnen uns nach einer Kirche, die uns hilft, un-

---

[23] Ebd.

sere Berufung zu finden – in jeder Hinsicht."[24] Der
Jugendsynode und damit der Kirche liegt mit den
drei Dimensionen von Berufung ein Konzept vor,
das tief im christlichen Glauben der Begleitenden
verwurzelt ist, ohne diesen Glauben jedoch bei jungen Menschen vorauszusetzen. In den drei Beru-
fungsdimensionen finden sich für junge Menschen
flexible Ansätze zur eigenständigen Lebensgestaltung, wodurch das Modell in der kirchlichen Praxis
an Relevanz gewinnt.

Theologisch betrachtet beinhaltet das dreidimen-
sionale Berufungskonzept eine gegliederte Rezeption
der Kenosis Gottes, wie sie durch seine Schöpfung,
Menschwerdung und Einwohnung dem Menschen
zuteil wird. Alle Menschen guten Willens dürfen sich
des in die Schöpfung gesprochenen Rufes des Vaters
bewusst sein, sich in der Nachfolge des in die Welt
gekommenen Sohnes zum Volk Gottes verbinden
und unter Leitung des ausgegossenen Hl. Geistes
Zeugnis geben durch ihr Leben. Jede Berufung als
eine Aufgabe des Menschen und der Kirche zu verstehen bedeutet demzufolge, eine (Selbst-)Gabe Gottes vorauszusetzen. Das Modell folgt zugleich in
ekklesiologischer Hinsicht dem grundlegenden Dreischritt von Erwählung, Sammlung und Sendung und
bestimmt dadurch neu die Rolle und Aufgabe der

---

[24] Ebd., Nr. 3.

Kirche innerhalb der verschiedenen Dimensionen von Berufung. Kirche kann somit für ihre eigene Berufung neue Perspektiven entdecken.

3. Was ist Unterscheidung? – Statt Theorie eine biblische Narration

Die Dokumente, die zur Vorbereitung auf die Synode veröffentlicht wurden, empfehlen als Methode für die Erkenntnis der Berufung (nach anderen Übersetzungen: Berufungsentscheidung), Prozesse der Unterscheidung zu fördern und die Jugendlichen dabei zu begleiten. Auch zum Begriff „Unterscheidung" haben die Jugendlichen Position bezogen; sie haben klargestellt, dass er nicht zu ihrem Wortschatz gehört und ihnen darum erschlossen werden muss. Die Jugendlichen anerkennen aber, dass das, was mit Unterscheidung gemeint sein könnte, für ihre Berufung relevant ist.[25]

---

[25] Abschlussdokument (wie Anm. 5), Nr. 9: „Die eigene Berufung zu erkennen, kann eine Herausforderung sein, besonders durch die Missverständnisse des Begriffs. Doch Jugendliche werden sich dieser Herausforderung stellen. Die eigene Berufung zu erkennen, kann ein Abenteuer auf dem Lebensweg sein. Davon abgesehen wissen viele junge Menschen nicht, wie sie den Prozess zur Berufung bewusst angehen sollen. Genau dies ist eine Gelegenheit für die Kirche, sie dabei zu begleiten."

Bei der Methode der geistlichen Unterscheidung, ursprünglich als „Unterscheidung der Geister" bezeichnet, kann man drei wesentliche Anwendungsfelder im Bereich der christlichen Tradition ausmachen, nämlich die Unterscheidung auf Ebene der Orthodoxie, der Orthopraxie und der Existenz des Menschen. Das Vorbereitungsdokument für die Jugendsynode beschreibt das Vorgehen der geistlichen Unterscheidung als Erkennen, Interpretieren, Wählen.[26] Aufgrund der Komplexität des Themas soll der Blick in die Hl. Schrift eine theoretische Grundlagenbetrachtung ersetzen. In den Mittelpunkt rückt die biblische Erzählung von der ersten Offenbarung an Samuel (1 Sam 3,1-21), die auf das Thema der Unterscheidung hin interpretiert wird.[27]

---

[26] Vgl. hierzu die Ausführungen in: Marco KÜHNLEIN, „…weil der Herr oft einem Jüngeren offenbart, was das Bessere ist." Jugendliche und junge Erwachsene im Spannungsfeld von Glaube, Unterscheidung und Entscheidung, in: Eva-Maria GÄRTNER, Sebastian KIEßIG, Marco KÜHNLEIN (Hrsg.), „…damit eure Freude vollkommen wird!". Theologische Anstöße zur Synode „Die Jugendlichen, der Glaube und die Berufungsentscheidung" 2018, Würzburg 2018, S. 151-156.

Freilich lässt sich an dieser Stelle kritisch fragen, ob die Methode der Unterscheidung von Jugendlichen angewandt werden kann, welche den christlichen Glauben nicht teilen (vgl. ebd., S. 157f).

[27] Im Folgenden: ebd., S. 150f.

Am Anfang der Erzählung wird angemerkt, dass Worte des Herrn in jener Zeit selten sind (1 Sam 3,1). Gottes Stimme ist offenbar nicht ganz verstummt, wohl aber nicht deutlich vernehmbar. Dass der junge Samuel unter der Aufsicht des Priesters Eli bereits im Tempel, dem Ort der besonderen Nähe Gottes, tätig ist, zeigt seine Disposition an: Er lebt im Glauben an Gott oder zumindest im Bewusstsein seiner Existenz, kannte ihn aber (noch) nicht; sein eigenes Lebensziel erscheint noch nicht klar (1 Sam 3,7).

Die Rufe des Herrn ergehen an Samuel in der Nacht, während er schläft. Die Bedeutung der tiefen Ruhe, um hören zu können, tritt deutlich hervor. Vier Mal ruft Gott Samuel mit seinem Namen, so dass er sich persönlich angesprochen fühlt. Bei den ersten drei Rufen wendet sich Samuel zunächst an Eli, weil er meint, er hätte ihn gerufen. Der junge Mensch kann die Stimme Gottes nicht von anderen unterscheiden. Mehr noch: Selbst dem Priester Eli, dessen Augen schon schwach geworden sind (1 Sam 3,2), wird erst nach dem dritten Mal klar, dass es sich um den Ruf Gottes handelt. Der Text stellt damit heraus, wie schwierig das Unterscheiden sogar für geübte Personen wie Eli sein kann, obwohl dessen Gehörsinn durch seine Blindheit eigentlich geschärft sein müsste. Gottes Ruf verhallt drei Mal ohne Antwort. Das Freudige jedoch ist, dass dies für

Gott kein Hemmnis darstellt: er spricht geduldig den Ruf an den jungen Samuel immer wieder aus. Durch die Einsicht Elis nach dem dritten Ruf und seine Anweisung an den jungen Samuel gelingt es diesem schließlich, Gottes Stimme im vierten Ruf zu *erkennen*, sie nicht mit einer anderen Stimme zu verwechseln und zu antworten: „Rede, denn dein Diener hört" (1 Sam 3,10). Seine Bereitschaft zum aktiven Hören wird durch diese demütige Antwort deutlich; Samuel stellt sich dem Anspruch Gottes ohne zunächst zu wissen, was damit verbunden sein könnte. Der Begleiter Eli fördert das Berufungsgeschehen durch eigene Unterscheidung und konkreten Rat.

Nach der Gottesrede, die dem Haus Elis großes Unheil ankündigt (1 Sam 3,11-14), so berichtet der Text weiter, bleibt Samuel bis zum Morgen liegen und geht zunächst seiner Arbeit nach. Er nimmt sich aus Furcht vor Eli Zeit, um das Gehörte in Anbetracht des eigenen Lebens zu *interpretieren*. Das Hören des Gotteswortes ist konfrontativ, womöglich sogar erschreckend. Es ist der Moment der äußeren und inneren Sammlung und Abwägung für Samuel.

Erst auf die Nachfrage Elis hin entscheidet sich Samuel zur ehrlichen Auskunft über das drohende Gericht (1 Sam 3,15-18). Erkennen und Interpretieren machen den jungen Samuel fähig zu einer Entscheidung, die in mutiges Prophetenhandeln übergeht. Das Handeln, das er *wählt*, kommt nicht allein aus ihm, sondern ist gottgewirkte Sendung. Zugleich wird dadurch deutlich, dass der Einfluss des Begleiters Eli gegenüber den Plänen Gottes beschränkt ist: Samuels Berufungsweg bereitet seinem Hause Unheil. Die weitere Sendung Samuels, wie sie der Text schildert (1 Sam 3,19-21), lässt durchscheinen, dass er als Prophet mit Gott in bleibender Verbindung steht und seinen persönlichen Berufungsweg nach dem Unterscheidungsprozess geht.

Die Samuel-Erzählung macht exemplarisch deutlich, wie komplex die individuell ablaufenden Unterscheidungsprozesse in Form von Erkennen, Interpretieren und Wählen sind. Daher stellt sich die Frage, wie sie unter den eingangs geschilderten Bedingungen der Globalisierung gezielt angebahnt werden können.

4. Jugendliche Anstöße für die Förderung von Berufungs- und Unterscheidungsprozessen

Im synodalen Prozess wurde deutlich, dass Jugendliche das Angebot der Kirche, Berufungen zu fördern und Unterscheidungsprozesse zu begleiten, sehr begrüßen. Sie hegen aber auch Bedenken, ob dieses Angebot der Kirche ernst und damit wahrgenommen wird. Sie geben darum selbst für die zu leistende Überzeugungsarbeit viele Hinweise, aus denen einige, die insbesondere für die Kirche in Westeuropa besonders beachtenswert erscheinen, herausgegriffen werden sollen.

Die Jugendlichen bitten zum einen darum, Pluralität außer- und innerhalb der Kirche als Bereicherung zu verstehen und damit ihre reale Lebenswelt zu akzeptieren.[28] Dies beinhaltet einzuräumen, dass ein Großteil Jugendlicher in Europa seine (Lebens-)Entscheidungen treffen wird, ohne sich einer dezidiert geistlichen Unterscheidung auf Basis des christlichen Glaubens zu unterziehen.[29] Die Anerkennung verschiedener Dimensionen von Berufung während des synodalen Prozesses ist ein wichtiger Schritt in diese Richtung. Damit kann eine Willkommenskultur in der Kirche wachsen, die sich christliche und nichtchristliche Jugendliche wünschen.[30] Die drei Dimensionen von Berufung gilt es praktisch wahrzunehmen, wozu eine Unterscheidungskompetenz der pastoral Tätigen erforderlich ist, die in adäquate Kon-

---

[28] Abschlussdokument (wie Anm. 5), Nr. 2.

[29] Nur 39 % der Katholiken im Alter zwischen 12 und 25 Jahren gaben im Jahr 2015 an, dass ihnen der Glaube an Gott für die Lebensführung wichtig ist. 2002 waren es noch 51 % (Thomas GENSICKE, Die Wertorientierung der Jugend (2002-2015), in: Shell Deutschland Holding (Hg.), *Jugend 2015. Eine pragmatische Generation im Aufbruch*, Frankfurt/M. 2015, 251, Abb. 6.10).

[30] Abschlussdokument (wie Anm. 5), Nr. 1.

zepte von Jugend- oder besser: Berufungspastoral mündet.

Für die Unterscheidungsprozesse wünschen sich junge Leute gut ausgebildete, menschlich-emphatische Begleiter und Begleiterinnen. Erwartet werden eine klare Sprache, zugleich eine ansprechende Glaubensverkündigung durch Lebenszeugnis, um dem Gefühl von Orientierungslosigkeit und Überforderung entgegenzuwirken. Jugendliche erhoffen sich von solcher Begleitung Sicherheit, ohne zu bevormunden oder Vertrauen zu missbrauchen.[31] In Anbetracht der Schlüsselrolle, die diese Personen im Prozess spielen, ist die Forderung mehr als nachvollziehbar. Sie begleiten Menschen auf dem Weg hin zu Entscheidungen, darunter manchmal Lebensentscheidungen, die irreversibel sind.

Jugendliche sind sich bewusst, dass sie von den Anstrengungen der pastoralen Mitarbeiter und Mitarbeiterinnen hinsichtlich der eigenen Berufung profitieren können. Sie sind im Gegenzug bereit, kreativ und eigenständig ihre Gestaltungsmöglichkeiten zu nutzen für das eigene Leben, ebenso für die Gesellschaft, vielleicht auch für die kirchlichen Gemeinden oder Gemeinschaften. Die Jugendlichen beschreiben sich dabei als experimentierfreudig und erlebnisorientiert. Sie erwarten, ihr Engagement in die Kirche

---

[31] Ebd., Nr. 10.

verantwortlich einbringen zu dürfen.[32] Nicht aufrich-
tig gemeinte Einladung führt zu Frustration und in
der Regel zum Ausstieg aus den Berufungsprozessen.

Sehr deutlich war der Wunsch der Jugendlichen
vernehmbar, dass in Zusammenhang mit Berufungsprozessen der christliche Glaube als Lebenshilfe und
Quelle der Freude hervorgehoben werden sollte.[33]
Die Konzentration auf Einhaltung von Regeln,
kommt einem vorgefertigten Moralismus gleich, der
auf Jugendliche abschreckend wirkt. Sie fordern jedoch nicht, negative Erfahrungen – menschliche
Schwäche, Leid oder Vereinsamung – zu ignorieren,
sondern Wege zu deren Bewältigung aufzuzeigen. Sie
haben Interesse an der transformativen Kraft des
christlichen Glaubens für sich und ihre Umwelt.

Wenn Freude und transformative Kraft in den
Mittelpunkt rücken, wird Erkenntnis und Leben der
eigenen Berufung unter dem Blickwinkel christlichen
Glaubens für junge Menschen interessant und das
Angebot einer Begleitung im Unterscheidungs- und
Berufungsprozess attraktiv. Dafür ist aber zuerst ein
Umdenken im innerkirchlichen Bewusstsein von
Nöten. Ein erster Schritt dazu wäre, das unter Gläu-
bigen und Verantwortlichen weit verbreitete Kon-
strukt einer fortschreitenden Säkularisierung bei Ju-

---

[32] Ebd., Nr. 12.
[33] Ebd., Nr. 7, 11f.

gendlichen und jungen Erwachsenen zu überwinden. Stattdessen gilt es, Glaube als ein individuelles Wagnis zu sehen und somit die Erlebnisorientierung junger Menschen anzuerkennen und einzubeziehen.[34]

Wichtige Voraussetzung für Attraktivität ist die Selbstkongruenz des „Anbieters" Kirche – der einzelne Christ wie die Gemeinschaft – muss authentisch werden, damit ihr Zeugnis glaubwürdig wird. In Anbetracht der neueren Entwicklungen dürfte dies die derzeit drängendste Aufgabe sein. Um das Angesicht der Kirche in diese Richtung zu erneuern, kommt den Eltern, der Familie, Begleitenden, Lehrerinnen und Lehrern, Seelsorgerinnen und Seelsorgern die erste und wichtige Rolle zu. Jugendliche möchten keine idealisierten Vorbilder, sondern konkrete Lebenszeugnisse, in denen Freude wie Trauer, Scheitern wie Gelingen ihren Platz finden.[35] Lebendige Beispiele für Christsein im Alltag sind für Jugendliche Anreiz, sich der Berufungsfrage zu stellen.

---

[34] Vgl. Johannes FÖRST, Jugendliche und Säkularisierung. Ein Vorschlag zur Anerkennung der ‚Erlebnisrationalität' junger Menschen, in: Eva-Maria GÄRTNER, Sebastian KIEẞIG, Marco KÜHNLEIN (Hrsg.), „...*damit eure Freude vollkommen wird!". Theologische Anstöße zur Synode „Die Jugendlichen, der Glaube und die Berufungsentscheidung" 2018*, Würzburg 2018, S. 165ff.

[35] Abschlussdokument (wie Anm. 5), Nr. 10f.

Überzeugte Christen sind daher aufgerufen, sich selbst der Berufung zum christlichen Lebenszeugnis zu stellen; sie müssen für sich eine tiefergehende Spiritualität entdecken, also Worte Fleisch annehmen, Glauben Taten folgen lassen. Haupt- und ehrenamtliche Mitarbeiterinnen und Mitarbeiter sowie alle Getauften sind damit aufgerufen, selbst die Unterscheidung zu üben, wie dies mit Gottes Hilfe gelingen kann. Die Selbstevangelisierung des eigenen Lebens und seines eigenen Lebensumfeldes hat Vorrang vor der Begleitung und Anbahnung von Berufungs- und Unterscheidungsprozessen anderer.[36]

Daneben wünschen sich Jugendliche neuartige Räume in der und für die Kirche, damit die Stimme Gottes vernehmbarer und Berufungsprozesse gangbarer werden.[37] Solche Räume können realer Natur sein, wie bspw. der Weltjugendtag, Jugendgruppen usw. Es kann sich aber auch um virtuelle Räume handeln. Jugendliche in Deutschland – in Luxemburg wird es nicht wesentlich anders sein – verbringen durchschnittlich 18,4 Stunden in der Woche, also über 2,5 Stunden am Tag, im Internet.[38] Abseits der Gefahr, die eine solche Entwicklung birgt, ergibt

---

[36] *Instrumentum Laboris* (wie Anm. 7), Nr. 174.

[37] Abschlussdokument (wie Anm. 5), Nr. 13.

[38] Antwortschreiben der Deutschen Bischofskonferenz (wie Anm. 11), Nr. 3, 5.

sich daraus eine große Chance für die Kirche: Die Jugendlichen sind in der digitalen Welt zuhause. Für sie ist der Zutritt zu virtuellen Räumen niederschwellig.

Die Jugendlichen ermuntern die Kirche, sich der digitalen Möglichkeiten zu bedienen, um das Erkennen und Interpretieren in den Unterscheidungsprozessen attraktiver zu machen, bspw. durch Apps mit spirituellen Angeboten oder auch Informationsplattformen. In diesem Bereich kann die Kirche von den Erfahrungen der Jugendlichen lernen. Neben Räumen vermissen die Jugendlichen eine Hinführung zu Resilienz und Entschleunigung, die ihnen angesichts gegenläufiger Dynamiken wichtig erscheint. Dieses Bedürfnis deckt sich mit den Erfordernissen innerhalb des Unterscheidungsprozesses: nur wo Zeit und Ruhe herrscht, kann Unterscheidung gelingen. Passende Beispiele für solche Entschleunigung sind die Orientierungsjahre, die in manchen Diözesen angeboten werden, oder die Möglichkeit von „Kloster auf Zeit".

Mit den Vor- und Nacharbeiten zur Jugendsynode beschreitet die Kirche mit jungen Menschen einen Weg zur Erkenntnis der Berufung. Erste Schritte sind bereits gegangen, weitere werden folgen. Berufung der Kirche und die Begleitung Jugendlicher und junger Erwachsener auf dem Weg der Berufung sind, wie deutlich wurde, in theologischer und praktischer Hinsicht zwei Seiten derselben Medaille. Dabei ist zuerst die Kirche, die Gemeinschaft der Gläubigen am Zug:

> Die Betreuung und Begleitung der Jugendlichen ist keine fakultative Aufgabe der Kirche, sondern ein wesentlicher Bestandteil ihrer Berufung und ihres Auftrags im Lauf der Geschichte. […] Mit ihrer Anwesenheit und ihrem Wort können die Jugendlichen der Kirche helfen, ihr Gesicht zu verjüngen.[39]

Die Zukunft der Jugendlichen ist zugleich die Zukunft der Kirche. Unter diesem Blickwinkel bleibt zu hoffen, dass im Nachgang der Jugendsynode dem Thema und den jugendlichen Gesprächspartnerinnen und -partnern weiterhin größte Aufmerksamkeit geschenkt wird.

---

[39] *Instrumentum Laboris* (wie Anm. 7), Nr. 1.

Just Tweet it!
Kirche, Jugendliche und Social Media: Vom Individualismus zur Kommunikation

von Michel Remery

Einführung

Die Kirche steht heute vor großen Herausforderungen, wenn es darum geht, den Glauben zu leben und zu verkünden, insbesondere den jungen Menschen. Dies wird Gegenstand der Bischofssynode 2018 sein, die sich mit dem Thema „Die Jugendlichen, der Glauben und die Berufungsentscheidung" befasst.[1]

---

[1] *Cf.* SEKRETARIAT DER BISCHOFSSYNODE, Vorbereitendes Dokument der XV. Ordentlichen Generalversammlung der Bischofssynode zum Thema „Jugendliche, Glaube und Unterscheidung", Vatikanstadt, 13. Januar 2017; ID., Dokument der Vorsynode zur Vorbereitung der XV. Ordentlichen Generalversammlung der Bischofssynode zum Thema „Jugendliche, der Glaube und berufliche Unterscheidung", Vatikanstadt, 19.-24. März 2018 (Dokument der Vorsynode); ID., *Instrumentum Laboris* der XV. Ordentlichen Generalversammlung der Bischofssy-

Ohne Anspruch auf Vollständigkeit bei der vorliegenden Analyse der Herausforderungen und der heutigen Gesellschaft werden im Folgenden zwei Hauptthemen untersucht, die sich direkt auf die Bemühungen der Kirche auswirken, das Evangelium heute allen zu verkünden, in einer Gesellschaft, die so stark von der digitalen Umgebung beeinflusst wird, die die meisten Menschen, vor allem die jüngeren Generationen, täglich umgibt. Das erste Thema ist der Wandel zu einer zunehmend individualistischen Gesellschaft. Die gegenwärtige Tendenz zum Individualismus steht in engem Zusammenhang mit einem falschen Gefühl von Autosuffizienz und einer Säkularisierung, die ein begrenztes Menschenbild hat. Dies steht im krassen Gegensatz zum gemeinschaftlichen Ideal des christlichen Glaubens. Das zweite Thema ist die schnelle und drastische Veränderung in der Art und Weise, wie wir kommunizieren und damit in Beziehung zueinander und möglicherweise auch zu Gott stehen. Dies stellt die Kirche vor Probleme, eröffnet aber auch Möglichkeiten, insbesondere bei der Kommunikation mit den jüngeren Generationen.

---

node zum Thema „Jugendliche, der Glaube und berufliche Unterscheidung", Vatikanstadt, 8. Mai 2018 [*Instrumentum Laboris*].

Individualismus

Bis in die jüngste Vergangenheit bedeutete die Kontaktaufnahme mit jungen Menschen, sich an ihre jeweiligen kirchlichen Gruppen zu wenden. Diese Gruppen waren beispielsweise Chöre, Kongregationen, Jugendgruppen, Vereine. Obwohl einige dieser Gruppen noch immer als solche dienen können, bringt es in vielen Ländern, insbesondere in Westeuropa, keinen großen Erfolg, Gruppen anzusprechen. Der in allen Bereichen des gesellschaftlichen Lebens erkennbare Individualismus hat auch Einfluss auf die Kirche und auf die Weise, wie der Glaube erfahren und erlebt wird. Dieser Individualismus ist verbunden mit Ausdrücken wie Konsumismus, Materialismus und Hedonismus, wenn der einzelne Mensch und seine Bedürfnisse im Mittelpunkt des Lebens stehen.[2] In diesem Zusammenhang wird der Glaube vor allem als persönliche Angelegenheit betrachtet. Außerdem, wenn das Individuum im Mittelpunkt steht und alles gut zu gehen scheint, was ist dann das Bedürfnis nach Gott? Individualismus und Säkularisierung sind daher eng miteinander verbunden, insbesondere im Hinblick auf das Menschenbild als solches und das Verhältnis des Menschen zu anderen.

---

[2] *Cf.* e.g. SEKRETARIAT DER BISCHOFSSYNODE, *Instrumentum Laboris*, 8. Mai 2018, *passim*.

Zwar besteht eine reale Gefahr des religiösen Individualismus darin, den gemeinschaftlichen Aspekt des Glaubens in den Hintergrund zu rücken, jedoch eröffnet der Individualismus auch neue Möglichkeiten. Zum Beispiel sind die Menschen weniger von anderen beeinflusst und können Glaubensfragen offen angehen. Es ist klar, dass bei den Evangelisierungsaktivitäten der Kirche ein persönlicherer Ansatz erforderlich ist als in der jüngeren Vergangenheit, wenn man jetzt mehr auf den Einzelnen als auf Gruppen eingeht. Obwohl dies eine Änderung der Einstellung und sogar der Kultur im Hinblick auf die bisherigen Wege bedeutet, entspricht dieser Ansatz zutiefst dem Evangelium. Er bietet der Kirche eine echte Chance, sich wieder auf die Adressaten ihrer Botschaft als von Gott geliebte Individuen zu konzentrieren, die mit ihm auf einem persönlichen Weg sind.

Gemeinschaft

Der Glaube baut auf einer persönlichen Beziehung zu Jesus Christus auf, einer Beziehung, die mit anderen in der Gemeinschaft der Kirche gelebt und erlebt wird. Der Glaube wird von Mitgliedern der Gemeinschaft verkündet, aber es ist der einzelne Mensch, der um die Taufe bitten muss, wie zum Beispiel im Dialog zwischen Philippus und dem äthiopischen Eunuchen (Apg 8, 26-40). Durch die Taufe wird das

Individuum in die Gemeinschaft mit Christus aufgenommen und wird Teil der Familie aller Gläubigen. Glaube wird immer in Gemeinschaft mit Christus und seiner Kirche gelebt, so dass es im Christentum keinen Platz für absoluten Individualismus gibt. Papst Franziskus hat oft die Kultur des selbstsüchtigen Individualismus verurteilt.[3] Und die Glaubenskongregation hat eindringlich vor einem neopellagianischen Individualismus gewarnt, bei dem der Einzelne davon ausgeht, sich selbst retten zu können.[4] Die Erlösung kann nur durch Christus erreicht werden, gestützt und unterstützt durch die Gnade Gottes, die in den Sakramenten empfangen wird. Dies bedeutet, dass es im religiösen Individualismus keine Hoffnung und keine Zukunft gibt. Diese sind nur in der Öffnung zum anderen zu finden. Das nimmt nicht die Realität der heutigen Welt weg, in der das Evangelium hoch individualistisch gesinnten Menschen verkündet wird. Es besteht ein echter Bedarf für die Kirche, ihre Botschaft dort zu verkünden, wo sich die Menschen befinden, angefangen bei ihrer Si-

---

[3] *Cf.* e.g. FRANCISCUS P.P., *Ansprache an die Gemeinschaft von Varginha*, Rio de Janeiro, 25. Juli 2013, n. 1.

[4] *Cf.* GLAUBENSKONGREGATION, Briefe *Placuit Deo*, 22. Februar 2018, bes. n. 2-4.

tuation und ihren Sorgen.[5] So wie es Philippus mit dem Äthiopier tat, muss die Verkündigung des Evangeliums bei den Menschen beginnen, so dass die heutigen Nachfolger des Philippus ihre eigene Sprache, Argumente und Methoden finden müssen, um jedem Einzelnen die Liebe Gottes zu verkünden. Wenn sie um die Taufe bitten, lassen sie, sakramental gesehen, ihren individualistischen Lebensstil zurück. Wenn die Kirche sie als einzelne Subjekte anspricht und sie einlädt, Teil der lokalen und globalen christlichen Gemeinschaft zu sein, wird dies ihnen helfen, schrittweise eine mehr auf die Gemeinschaft ausgerichtete Lebensweise anzunehmen, was sich stark auf ihr Kommunikationsverhalten auswirken wird.

Kommunikation

Der moderne Apostel steht vor anderen Herausforderungen. Zum einen hat sich die Art der Kommunikation in den letzten Jahrzehnten drastisch verändert. Hat der Wechsel vom Brief (ca. 2400 vor Christus) zum Telegraphen (18. Jahrhundert) mehrere Jahrtausende gedauert, so vollzog sich der Wechsel zum Radio (19. Jahrhundert) und dann zum Fernsehen (20. Jahrhundert) in weniger als einem Jahrhun-

---

[5] *Cf.* SEKRETARIAT DER BISCHOFSSYNODE, *Dokument der Vorsynode*, 19.-24. März 2018, n. 13.

dert. Seit das Internet in den frühen 1990er Jahren für immer mehr Menschen zugänglich wurde, erfolgte der Wandel innerhalb von Jahrzehnten mit der Einführung der sozialen Medien in den Jahren 2000. Die inzwischen etablierten sozialen Netzwerke wurden erst vor einigen Jahren eingeführt, beispielsweise Facebook (2004), YouTube (2005), Twitter (2006), WhatsApp (2009), Instagram (2010) und Snapchat (2012).[6] Soziale Netzwerke gehören für die heutigen jungen Menschen zu den ersten wichtigen Orten der Zugehörigkeit, neben Familien-, Freundes- und Mitschülerkreis.[7] Es muss nicht eigens gesagt werden, dass soziale Medien einen großen Einfluss auf das tägliche Leben und die Identität junger Menschen ausüben.[8] Die relativ neuen Veränderungen in der Kommunikation mit ihren Auswirkungen auf jeden Aspekt des menschlichen Lebens wurden mit denen verglichen, die durch die Erfindung des Rades her-

---

[6] *Cf.* e.g. J. VAN DIJCK, *The Culture of Connectivity. A Critical History of Social Media*, Oxford 2013; R. CAMPBELL, C. MARTIN, B. FABOS, *Media Essentials: A Brief Introduction*, Boston-New York 2015[3]; S. DAHL, *Social Media Marketing: Theories and Applications*, London 2018[2].

[7] *Cf.* SEKRETARIAT DER BISCHOFSSYNODE, *Dokument der Vorsynode*, 19.-24. März 2018, n. 1.

[8] *Cf. ibid.*, n. 4; ID., *Instrumentum Laboris*, 8. Mai 2018, n. 34.

vorgerufen wurden.[9] Sowohl die Kommunikation zwischen Einzelpersonen als auch zwischen Gruppen wird durch moderne Kommunikationsmittel stark vorangetrieben. Eine effektive Reaktion auf diese Veränderungen wird neue Möglichkeiten aufzeigen, die eine schnelle und sofortige Kommunikation mit Menschen in nahezu allen Teilen der Welt ermöglichen. Dies eröffnet neue und mächtige Möglichkeiten für die Verkündigung und das tägliche Leben des Glaubens.

Risiken

Es ist jedoch unverantwortlich, die Augen vor bestimmten Risiken und Schwierigkeiten in Verbindung mit diesen neuen Entwicklungen zu verschließen. Diese wurden gründlich erforscht, und auch Papst Franziskus hat mehrmals davor gewarnt.[10]

---

[9] *Cf.* J.-C. HOLLERICH, „Impuls zu Beginn des Studientages", S. 17 in diesem Buch.

[10] *Cf.* e.g. R.N. BOLTON *et al.*, „Understanding Generation Y and their use of social media: a review and research agenda", *Journal of Service Management* 24 (2013, Nr. 3) S. 245-267; C. FUCHS, *Social media. A critical introduction*, London 2017²; F. BÁNYAI *et al.*, „Problematic Social Media Use: Results from a Large-Scale Nationally Representative Adolescent Sample", *PLoS ONE* 12 (2017, Nr. 1) [https://doi.org/10.1371/journal.pone.0169839]; FRAN-

Zum Beispiel lobte er die Horizonterweiterung und betrachtete solche Kommunikationsmittel als Geschenk Gottes, erinnerte aber auch an die große Verantwortung, Kommunikation und Barmherzigkeit eng miteinander zu verbinden.[11] Menschen können online isoliert, in ihrer Privatsphäre eingeschränkt, für ihr ganzes Leben gezeichnet und selbst verfolgt werden. Die Jugendlichen erkannten die Vorteile neuer Kommunikationsformen, baten aber gleichzeitig auf der Vorsynode die Kirche um Unterstützung bei der Beurteilung des richtigen Umgangs mit der Technologie sowie bei der Bewältigung realer und aktueller Online-Probleme wie Pornografie, Online-Kindesmissbrauch und Cyber-Mobbing.[12] Wie in der gesamten Gesellschaft sind diese Probleme mit neuen Kommunikationsmitteln auch im kirchlichen Umfeld vorhanden, in der Gemeinde, im Kloster, während der Ausbildung im Seminar, wo sie offen angegangen werden müssen.[13]

CISCUS P.P., *Ansprache beim IX. Welt Familientreffen*, Croke Park Stadium Dublin, 25. August 2018.

[11] *Cf.* FRANCISCUS P.P., *Botschaft zum L. Welttag der Sozialen Kommunikationsmittel*, Vatican City, 24. Januar 2016.

[12] *Cf.* SEKRETARIAT DER BISCHOFSSYNODE, *Dokument der Vorsynode*, 19.-24. März 2018, n. 4.

[13] *Cf.* SECRETARIAT FOR THE SYNOD OF BISHOPS, *Instrumentum Laboris*, 8. Mai 2018, n. 134.

Chancen

Es ist wichtig, sich dieser Schwierigkeiten bewusst zu sein, aber nicht von ihnen gelähmt zu werden. Zu oft beginnen Menschen in der Kirche damit, die Gefahren der sozialen Medien aufzulisten. Aber Angst ist ein schlechter Ratgeber, und es ist leicht, in die Irre geführt zu werden, wenn man alle möglichen Schwierigkeiten in Betracht zieht. Es gibt eine sehr wichtige Rolle für die Kirche in der digitalen Welt, und vieles davon muss noch entwickelt werden. Die Jugendlichen auf der Vorsynode 2018 baten darum, dass die Kirche über soziale Medien und andere digitale „Räume" zugänglich sein sollte, und boten dabei sogar ihre Hilfe an.[14] In der Tat ist eine solche Hilfe der jüngeren Generationen sehr notwendig, da die Kirchengemeinschaft oft Schwierigkeiten hat, mit den drastischen und schnellen Veränderungen in der Kommunikation Schritt zu halten. Es scheint oft so, als ob die Kirche in ein unbequemes Gleichgewicht gezwungen wird zwischen der Bedeutung der Bewahrung und Verkündigung der Wahrheit des Evangeliums in seiner Gesamtheit und der Nutzung neuer Kommunikationsformen, die dies nicht immer zu ermöglichen scheinen. Gleichzeitig suchen viele in

---

[14] *Cf.* SEKRETARIAT DER BISCHOFSSYNODE, *Dokument der Vorsynode*, 19.-24. März 2018, n. 13, 15.

der Kirche nach einer Antwort auf die veränderte Situation, indem sie oft neue Mittel der Kommunikation mit großen Früchten und immer mit großem Aufwand verwenden. Insbesondere junge Menschen erwarten von der Kirche, dass sie ihre Botschaft durch neue und moderne Medien verbreitet.[15] Ein vollständig ausgearbeiteter, allgemeiner Ansatz ist noch nicht entwickelt worden und kann angesichts der schnellen Veränderungen möglicherweise nicht entwickelt werden. Vielmehr erfordern diese Veränderungen in der Kommunikation eine kontinuierliche Erforschung neuer Kommunikationsmöglichkeiten und Wege, besonders die jungen Menschen zu erreichen.

Beispiel

Die globale interaktive Multimedia-Initiative *Twittern mit GOTT* kann in diesem Zusammenhang als Beispiel für eine positive Nutzung moderner Kommunikation dienen. Angefangen hat alles in einer Pfarrei in den Niederlanden mit einigen jungen Leuten, heute ist diese Initiative in Ländern auf der ganzen Welt präsent und in mehr als 20 Sprachen erhältlich.[16]

---

[15] *Cf. ibid.*, n. 11; ID, *Instrumentum Laboris*, 8. Mai 2018, n. 161.

[16] *Cf.* M. REMERY, I. SPRUIT, *Tweeting with GOD Manual. Exploring the Catholic Faith together*, San Francisco 2015, 6-7.

Twittern mit GOTT nutzt konventionelle Medien wie ein Buch zusammen mit Online-Material über soziale Medien und eine App für das Handy.[17] Die Initiative beginnt mit realen und existenziellen Fragen, die von Einzelpersonen rund um den Globus gestellt werden, und führt anschließend einen Dialog mit ihnen, um gemeinsam durch logische Argumente und Überlegungen nach Antworten zu suchen. Ziel ist es, den Einzelnen zu helfen, im Glauben zu wachsen, anstatt nur intellektuelles Wissen zu vermitteln. Die interaktiven Methoden zum Austausch unter Einzelpersonen über zentrale Fragen des katholischen Glaubens haben sich als sehr effektiv erwiesen, und das Projekt wächst weltweit sowohl online als auch offline weiter. Junge Menschen stehen nicht nur im Fokus auf der Empfängerseite, sondern sie sind auch die Hauptakteure bei der Erstellung und Pflege der Plattform *Twittern mit GOTT*. Junge Menschen erreichen ihre Altersgenossen mit den Kommunikationsmitteln unserer Zeit. In diesem Sinne antwortet das Projekt *Twittern mit GOTT* auf viele Bedürfnisse, die von den Jugendlichen auf der Vorsynode geäußert wurden. Einige von ihnen wur-

---

[17] *Cf.* M. REMERY, *Tweeting with GOD. Big Bang, prayer, Bible, sex, Crusades, sin, career…*, San Francisco 2014; Deutsche Überzetzung: ID., *Twittern mit GOTT. Urknall, Gebet, Bibel, Sex, Kreuzzüge, Sünde, Karriere…*, Freiburg i. Br. 2018.

den bereits erwähnt, einschließlich der Wichtigkeit, dass die Kirche junge Menschen dort trifft, wo sie sind, dass sie sich auf ihre Fragen einlässt, ohne Angst vor Tabus oder Kontroversen, dass sie sie auf ihrem Weg mit dem Herrn begleitet und ihnen hilft, alles zu verstehen, was in den Schriften über Gott gesagt wurde, so wie Jesus es tat mit den Jüngern auf dem Weg nach Emmaus (Lk 24,13-35).

Fazit

Twittern mit GOTT ist nur ein Beispiel unter vielen exzellenten Initiativen, die heute online zu finden sind. Diese Initiativen zeigen, wie es möglich ist, als Kirche mit den heutigen jungen Menschen über tief religiöse Themen, die mit ihrer persönlichen Selbstentfaltung und religiösen Ansichten zusammenhängen, zu kommunizieren, ohne Angst von Seiten der Kirche, moderne Kommunikationsmittel zu verwenden oder Tabus im Dialog über den Glauben anzusprechen. Die jungen Menschen von heute haben viele Fragen zum Glauben, „aber sie wünschen sich Antworten, die nicht verwässert sind oder vorgefertigte Formulierungen verwenden".[18] Sie erwarten eine klare Kommunikation über den Glauben, auch

---

[18] SEKRETARIAT DER BISCHOFSSYNODE, *Dokument der Vorsynode*, 19.-24. März 2018, n. 11.

über kontroverse oder sozial schwierige Themen. Der Wandel zu einer individualistischeren Sichtweise des Menschen unterstreicht die Wichtigkeit, sie als Subjekte zu behandeln, die Teil eines Joint Ventures sind, das darauf abzielt, zusammen Antworten auf grundlegende Fragen in ihrem Leben zu finden, und nicht als passive Objekte, die auf einem festgelegten Weg zu Christen modelliert werden. Viele neue Kommunikationsmittel sind von Natur aus interaktiv, und diese Interaktivität sollte auch Bestandteil jeder Kommunikation des Glaubens sein. Ein passiver Ansatz wirkt in den meisten Fällen kontraproduktiv, und dies könnte im Extremfall eher religiösen Individualismus und Konsumismus als aktive Teilnahme anregen. Wenn die Gemeinschaft stattdessen auf ihrem Weg mit Gott auf jeden einzelnen Gläubigen achtet und ihm hilft, diesen Weg in ständiger Kommunikation und Beziehung mit anderen Mitgliedern der Gemeinschaft zu verfolgen und zwar mit allen geeigneten Kommunikationsmitteln und dabei auch diejenigen anspricht, die noch nicht Teil dieser Gemeinschaft sind, dann ist diese Gemeinschaft mit der Gnade Gottes bereit, sich der Welt von heute und morgen zu stellen.

Just Do it!
Christsein im Alltag und in der Schule
„Es ist wie ein Hobby…"

von Jean-Louis ZEIEN

„Christsein im Alltag bedeutet für mich, dass ich es praktiziere, wenn ich empfinde, dass es erforderlich ist. Es ist zudem wie ein Hobby: es gehört zur Persönlichkeit."

„Christsein im Alltag bedeutet für mich, dass ich weiß, dass Gott mich begleitet."

„Christsein im Alltag kann ich nicht erklären. Ich bin es einfach."

Tun Sie sich schwer mit diesen drei vorausgehenden „Definitionen"? Was reizt Sie daran, zu widersprechen, zu ergänzen, zu verstärken, zu bejahen? Und wie würden Sie „Christsein im Alltag" für sich selbst definieren? Ist die „Hobby-Erklärung" vielleicht zu schwach für Sie als ausreichende Standortbestimmung für ein christliches Lebensprojekt? Oder empfinden Sie gerade die Begeisterung, die Menschen für ein selbstgewähltes Hobby entwickeln, als ein gutes

„Bildwort" für eine gelungene Beschreibung einer christlichen Lebensgestaltung?

Diese drei obigen Aussagen wurden von Jugendlichen - im Vorfeld des Studientags #Jugend #Glaube #Berufung – gemacht. Sie sind ein Teil eines Potpourris von Aussagen, wie sie zur Inspiration und zur persönlichen Standortbestimmung den Teilnehmerinnen und Teilnehmern des Workshops „Just Do it – Christsein im Alltag und in der Schule" vorgelegt wurden.

Entsprechend der eigenen christlichen Verwurzelung waren andere Aussagen wie zum Beispiel die beiden nachfolgenden „Standortbestimmungen" (von kirchlich engagierten Mitarbeitern) manchen Workshop Teilnehmern eher zugänglich:

> „Christsein im Alltag bedeutet für mich das, was ich vom Evangelium verstanden habe, mit meiner Lebenswirklichkeit zu konfrontieren und daraus die Schlussfolgerungen umzusetzen, die sich mir aufdrängen."

> „Christsein im Alltag bedeutet für mich daran zu glauben, dass das Leiden, das Böse und der Tod nicht das letzte Wort in unseren Leben haben. Das ist für mich die Erfahrung und das Geheimnis von Ostern."

Unabhängig von der persönlichen Nähe des Lesers zu einer dieser fünf Aussagen von Jugendlichen und nicht mehr so jungen kirchlichen Mitarbeitern wurde bei der Lektüre dieser vielfältigen persönlichen Standortbestimmungen eine eigene Positionierung des Lesers herausgefordert. Ein anregender Austausch zum Christsein im Alltag und in der Schule war bei den Workshop-Teilnehmern die gewünschte und erzielte Wirkung.

An dieser Stelle kann diese Auseinandersetzung auch gleich umgesetzt werden, wenn dazu beim Leser die Muße vorhanden ist. *„Christsein im Alltag bedeutet für mich…"*

Kritische Auseinandersetzung

Während ich diesen Beitrag geschrieben habe, haben mich einige dringliche Fragen umkreist: Welches sind die Herausforderungen, mit denen die Jugendlichen heute konfrontiert sind? Wie unterscheiden sie sich gegebenenfalls gegenüber den Lebensbedingungen vorheriger Generationen? Wieso ist es uns nicht gelungen, Jugendliche zu motivieren, live und real am Studientag teilzunehmen, so dass im Endeffekt „nur" eine stattliche Zahl von ehrenamtlichen und hauptberuflichen kirchlichen Mitarbeitern dabei war? Muss dies als (schmerzhaftes) Zeichen der Zeit gewertet werden?

Nur ein Jugendlicher war als Berichterstatter der Vorsynode in Rom dabei. Eine Teilnahme von Jugendlichen hätte auch im Workshop noch eine andere Würze hineingebracht. Kritisches Hinterfragen wäre leichter geworden…

Die Teilnehmerinnen und Teilnehmer am Workshop „Just Do it – Christsein im Alltag und in der Schule" sollten sich zu persönlichen Aussagen von Jugendlichen, Erziehern, kirchlichen Mitarbeitern und Menschen des öffentlichen Lebens aus Luxemburg positionieren. Dabei kamen im Aussagenpotpourri sowohl gläubige Katholiken als auch kirchenkritische Menschen zu Wort, die ihr ganz persönliches Selbstverständnis vom Christsein schriftlich zum Ausdruck brachten. Um einer Selbstbespiegelung zu entgehen, war der Blick von außen (Was bedeutet für einen kirchenkritischen oder ungläubigen Menschen eigentlich ein glaubhaftes Christsein heute?) überaus sinnvoll, um dem Workshop eine zusätzliche Brisanz zu verleihen.

Im anschließenden Austausch in den Arbeitsgruppen des Workshops wurde auch deutlich, dass die Herausforderungen, denen die Jugendlichen in vielen Lebensbereichen begegnen, sich in einer Umbruchzeit situieren, die unter anderem von Digitalisierung und neuen Medien geprägt ist.

Herausforderungen im Alltag einer Umbruchzeit

Der Alltag ist in der Tat gefüllt mit Herausforderungen, Situationen und Fragen, die das Leben in der

Familie bzw. Partnerschaft, aber auch den Umgang mit Freunden, Schul- und Arbeitskollegen und gänzlich fremden Menschen beeinflussen.

Die Jugendlichen wachsen in dieser Umbruchszeit auf, die u. a. in unseren Breitengraden gekennzeichnet ist von der Notwendigkeit, eine Vielzahl von Entscheidungen treffen zu müssen. Darüber hinaus ist diese Umbruchzeit von ihrem digitalen Charakter mit den entsprechenden Möglichkeiten (Chancen und Gefahren) geprägt.

Stephan Sigg (Journalist und Jugendbuchautor) bringt den Herausforderungscharakter unserer Zeit in Zusammenhang mit der Lebenswelt von Jugendlichen gut auf den Punkt:

> Heute ist das noch intensiver, weil die Adoleszenz zusätzlich von einer «Online-Welt» begleitet wird. Die Dynamik ist schneller, vieles ist öffentlich, man vergleicht mehr und wird auch mehr verglichen.
>
> Gleichzeitig wird man mit der Erwartung konfrontiert, perfekt sein zu müssen und etwas Beeindruckendes bieten zu können. Sonst ist man auf Instagram, Facebook und so weiter nicht interessant. Jugendliche sind Teil des „globalen Dorfes" geworden.
>
> Früher waren Markenklamotten das Statussymbol, heute sind es die Anzahl „Likes".

Das bietet viele Chancen, konfrontiert die Teenager aber auch mit Herausforderungen."[1]

Diese Herausforderungen stellen sich – nicht nur – für Jugendliche unter der Form von einer Fülle von sogenannten Entwicklungsaufgaben[2], die es zu „lösen" gilt. Dies sind zum Teil unausweichliche Lebens-Aufgaben, die sich auf die persönliche Entwicklung eines Menschen beziehen.

Sie stellen sich vorwiegend in vier Lebensbereichen:

- ein eigener Mensch zu werden, d. h. sich selbst anzunehmen und zu entwickeln,
- mit andern zusammenzuleben,
- hineinzuwachsen in Kultur und Zivilisation,
- politisch zu urteilen und zu handeln, d. h. auch: ein Leben im Einklang mit der Natur anzustreben und Verantwortung zu übernehmen für die Eine Welt.[3]

---

[1] Auszug https://www.kath.ch/newsd/echt-jetzt-ein-origineller-ethischer-entscheidungs-guide-fuer-junge-menschen (aufgerufen am 9. Dezember 2018).

[2] Erzbischöfliches Ordinariat Luxemburg Schulreferat (2009), Bildungsplan für den Religionsunterricht in der Grundschule, S. 9 (development tasks and education Robert J. Havighurst).

[3] Erzbischöfliches Ordinariat Luxemburg Schulreferat (2009), Bildungsplan für den Religionsunterricht in der Grundschule Entwicklungsaufgaben in den Lebensbereichen, S. 8.

Hier kann das Christentum entscheidend ins Spiel kommen. Damit ist meines Erachtens eine kritische Frage verbunden: Kann Christentum einen Beitrag leisten, um die Entwicklungsaufgaben in den oben genannten Lebensbereichen besser zu lösen? Die Lebensrelevanz des Christentums entscheidet sich in diesem Rahmen. Wenn die Jugendlichen keine Lebenstauglichkeit hier feststellen oder aufgezeigt bekommen, so ist das Christentum sowohl in spiritueller, persönlicher wie auch sozialer Hinsicht in Frage gestellt.

„Navi" mit Beziehungscharakter

Angesichts der Fülle von „neuen" Herausforderungen und Entwicklungsaufgaben für Jugendliche stellen sich den Verantwortlichen für Jugendarbeit entsprechende Fragen: Kann der christliche Glaube hilfreich sein, so wie ein „Navi", das Jugendlichen durch den Alltagsdschungel hilft? Wie und wo bietet sich die Möglichkeit für Jugendliche, ihre eigene Spiritualität zu reflektieren und zu vertiefen? Wie können Jugendliche mit Überlieferungen und Lebensformen des christlichen Glaubens vertraut gemacht werden?

Wenn es gelingt, auf diese Fragen eine positive Antwort zu finden, dann kann auch für die Jugendlichen die spannende Reise mit dem Christentum als eine Art von Alltags-Navi beginnen: Wie geht „Christsein" heute überhaupt im Alltag und in der Schule? Wie wirkt es sich als inspirierende Kraftquelle aus, um Herausforderungen in der „Online-", aber auch in der realen Welt zu meistern?

Der Beziehungscharakter im Christentum und der damit verbundene Gottesbezug, der von Jesus Christus in seiner „Abba-Beziehung" gelebt wurde, kann in diesem Zusammenhang einen möglichen Antwortversuch bieten:

Es gilt wie in jeder menschlichen Beziehung, Zeit füreinander zu finden. Das, was einem wichtig ist, kann dabei bewusst ins „Gespräch" kommen. Wenn man dies auf die Beziehung zu Gott überträgt, dann geht es hierbei auch um ein „ins Gespräch kommen". Diesem „Gesprächsgebet" kann die Auseinandersetzung mit biblischen Texten vorausgehen oder direkt in diesem Zusammenhang stehen. Eine den Jugendlichen verständliche Sprache ist in diesem Kontext von Bedeutung, damit Christentum zur Sprache kommen kann. Auch damit tut sich Kirche im Hinblick auf Jugendliche immer noch schwer.

Wenn dies jedoch gelingt und mit gemeinschaftlichen Feiern einer solchen Glaubensbeziehung zwischen Jugendlichen und Gott verbunden wird, dann kann sich ein enormes Potential entfalten. Voraussetzung ist auch die Haltung der kirchlichen Mitarbeiter, die in diesem Sinne wie die Jugendlichen selbst herausgefordert sind. Dazu eine abschließende Aussage im Kontext des Workshops, die es trefflich auf den Punkt gebracht hat für diejenigen, die diese Reise mit Navi antreten möchten:

> „Christsein bedeutet für mich Schüler Gottes zu sein (Joh 6,45) und zu vermitteln, dass wir als Christen immer Lernende sind und bleiben."

Das macht doch Mut zur Hoffnung…

Mgr. Jean-Claude Hollerich
und Pierre Lacoste im Interview

Roger Nilles[1]: Herr Erzbischof, im Oktober werden Sie an der Bischofssynode zum Thema Jugend teilnehmen. Mit welchen Erwartungen werden Sie nach Rom reisen?

Mgr. Jean-Claude Hollerich: Ich begebe mich mit der Erwartung dahin, viel zuzuhören, zunächst was die Bischöfe aus aller Welt sagen werden, aber auch was die Jugendlichen sagen werden, die ebenfalls an der Synode teilnehmen. Dabei kommt hoffentlich etwas zustande, damit die Jugendlichen verstehen, dass die Kirche auf ihrer Seite ist. Wir als Kirche müssen uns öffnen, um der Jugend näher zu sein und das Evangelium verkünden zu können.

---

[1] Roger Nilles, Pressesprecher der katholischen Kirche in Luxembourg, hat das Interview geführt.

RN: Das bedeutet also, dass sie diesbezüglich durchaus noch Verbesserungspotential für die Kirche sehen?

JCH: Selbstverständlich. Es gibt sehr viel Verbesserungspotential für die Kirche, wenn ich ehrlich sein darf. Das fängt bei mir selbst an. Wir müssen authentischer werden, wir müssen die Menschen besser verstehen. Den Jugendlichen, die in ihren Wünschen und Situationen sehr unterschiedlich sind, müssen wir vermitteln, dass sie uns nicht gleichgültig sind.

RN: Wie kann man sich eine Bischofssynode konkret vorstellen? Wie ist der Ablauf der nächsten Wochen, wie gestaltet sich Ihr Programm?

JCH: Die Synode beginnt am 3. Oktober mit einer Papstmesse in Sankt Peter. Während der ersten Tage sind zunächst Vollversammlungen vorgesehen, was bedeutet, dass man sich jedes Mal in die Synodenaula begeben wird, wo dann jeder Bischof ungefähr 4 Minuten Zeit haben wird, sich bezüglich des vorliegenden Textes, *Instrumentum Laboris*, zu äußern. Dann wird in kleinen Gruppen gearbeitet werden. Hier wird am Text gefeilt, vielleicht werden Sachen ergänzt, andere werden hervorgehoben und so weiter. Am Ende wird über das Ganze abgestimmt. Die Bischofssynode dauert vier Wochen.

RN: Ich würde sagen, dass es sich aber um mehr als vier Minuten handeln wird während der vier Wochen, denn sie haben auch eine Botschaft, die Sie mit nach Rom nehmen. Was werden Sie innerhalb dieser vier Minuten sagen?

JCH: Meine Botschaft lautet, dass die Kirche authentischer werden muss. Wir können nicht mehr von der Kanzel herab den Menschen sagen, was sie tun sollen. Die Menschen müssen hingegen merken, dass wir das Evangelium leben und gleichzeitig verkünden wollen. Das setzt natürlich eine Veränderung voraus, sowohl für die Bischöfe, als auch für die Geistlichen und für alle Frauen und Männer, die in unserer Kirche das Evangelium verkünden.

RN: Diese Synode hat auch eine Vorgeschichte. Es gab, wie schon erwähnt, bereits vorab ein Dokument und auch eine Vorsynode. An dieser Vorsynode nahm auch Luxemburg teil, vertreten durch Pierre Lacoste. Wie haben Sie diese Vorsynode erlebt?

Pierre Lacoste: Diese Vorsynode war eine große Chance für die Jugend. Wir waren 300 Jugendliche aus der ganzen Welt, darunter auch Luxemburg. Wir hatten die Möglichkeit, uns als Jugendliche zu erklären und zu sagen, wo genau das Problem zwischen Jugend und Kirche heutzutage liegen könnte, und was wir uns vielleicht wünschen.

RN: Das bedeutet, dass man Ihnen dort wirklich zugehört hat, Sie sind zu Wort gekommen und das, was Sie dort geäußert haben, dient nun als Vorlage für die Synode selbst?

PL: Ja genau. Dahinter steckte natürlich eine gewisse Organisation. Alles, was am Ende dabei herauskam und im Enddokument festgehalten wurde, ist zu hundert Prozent von den Jugendlichen geschrieben worden, ohne dass ein Kardinal Baldisseri oder ein anderer Vertreter etwas zensiert hat. Ich fand es toll, dass die Kirche so offen war. Wir durften frei sprechen.

RN: Vor der Synode war hier in Luxemburg auch ein Studientag, an dem Sie (beide) teilgenommen haben. Zuerst die Frage an Sie, Herr Lacoste, was haben Sie den anderen mitgeteilt? Ich denke, Sie wurden auch nach Ihren Erfahrungen gefragt. Welche Botschaft sollte der Herr Erzbischof von Ihrer Seite aus mit nach Rom nehmen?

PL: Vielleicht zunächst die Botschaft, danke zu sagen, dass wir schon in der Vorsynode eingreifen konnten. Dann jene zwei Dinge, die ich gerade im Kopf habe: Wir brauchen jetzt wahrhaft heilige Menschen, die uns Vorbilder sind. Außerdem, dass sie nicht über uns urteilen, sondern Verständnis aufbringen, denn wir sind Jugendliche und brauchen Hilfe, wie jeder andere auch.

RN: Die gleiche Frage an Sie Herr Erzbischof: was nehmen Sie von diesem Studientag mit nach Rom?

JCH: Ich nehme das mit, was sehr oft bei diesem Studientag gesagt wurde: Jugendliche sind keine Objekte. Sie sind nicht dazu da, unsere Kirchen zu füllen, sie sind nicht da, um Statistiken in die Höhe zu treiben, sondern sie sind das eigentliche Thema der Jugendpastoral. Sie bestimmen letztere mit. Die Kirche und die, die sie vertreten, wie die Bischöfe, die Geistlichen und so weiter, müssen auch zeigen, dass sie vollstes Vertrauen in die Jugend haben. Man kann da auch Fehler machen, so wie wir auch manchmal Fehler gemacht haben, das ist heute nicht anders, und dennoch muss man zeigen, dass man Vertrauen hat. Die Jugend ist nämlich jene Generation, die nach uns kommt. Sagen, dass man vollstes Vertrauen hat, dass sie die Dinge in ihrer eigenen Art und Weise angehen werden. Dass man ihnen dies auch zutraut und sich darüber freut. Man kann kein Christ sein, wenn man nicht die Freude des Evangeliums im Herzen trägt. Genau das sollte unsere Aussage sein.

RN: Bedeutet dies gleichzeitig, dass die Kirche der Jugend eine ganz andere Kirche ist, als jene, die wir heute haben oder die wir heute kennen.

JCH: Und wenn es so ist, dann ist das nicht schlimm. Vertrauen haben bedeutet, zuzuhören, im Dialog zu sein. Ein Dialog, der offen ist und nicht eine Situation, in der wir einen Dialog führen, bei dem wir im Vorhinein bereits die Antworten geschrieben haben. Da muss es wirklich eine Offenheit seitens der Kirche geben, auch neue Wege zu beschreiten. Also ich bin durchaus offen für neue Wege.

RN: Neue Wege sind Sie auch mit den Pilgerreisen zusammen mit jungen Menschen gegangen, die Sie vor einigen Jahren ins Leben gerufen haben. Nächstes Jahr werden Sie wieder mit einer Gruppe nach Thailand reisen. Warum sind diese Reisen so wichtig?

JCH: Sie sind wichtig, denn bei so einer weiten Reise ist man getrennt von seinem gewohnten Umfeld, seinen Freunden, mit denen man sonst immer zusammen ist. Man kommt aus seinem Alltagstrott und erst dann ist man offen für die Begegnung mit Gott. Man lernt eine neue Realität kennen. Gott befindet sich immer im Realen, Gott ist nicht in unserer Fantasie. Ansonsten wird Gott zu einer Art Idol, das wir selbst konstruieren. Einen Gott erleben im Realen, durch Begegnungen, durch Freundschaften auch mit den anderen Jugendlichen, durch die andere Kultur, die wir entdecken, sogar durch die andere Religion, der wir begegnen. In diesem Dialog können wir Gott entdecken und so ein Stück der Kirche Luxemburgs aufbauen.

RN: Pierre Lacoste, Sie haben auch schon an einer derartigen Reise teilgenommen.

PL: Ja, meine erste Reise mit dem Herrn Erzbischof war die zum Weltjugendtag 2016 in Krakau. Letztes Jahr war ich auch mit in Thailand dabei. Ich kann nur sagen, dass es zwei Wochen voller Freude waren. Die tägliche Messe ist eine große Hilfe, auch wenn man sich zu Beginn sagt: Oh nein, jeden Tag eine Messe, das nervt, das ist nicht auf Jugendliche abgestimmt. Am Ende jedoch geht es, ganz einfach durch die Tatsache, dass wir alle zusammen mit Jugendlichen sind, ohne Eltern oder ältere Personen. So entsteht eine Atmosphäre unter Jugendlichen, an der man sich erfreuen kann.

RN: Ist es heute für junge Menschen leichter zu glauben im Rahmen einer Reise, während der man zwei bis drei Wochen zusammen ist, als im Alltag, in einer säkularisierten Gesellschaft? Wie sehen Sie das?

JCH: Ja, ich glaube schon, dass es heute schwerer ist, als zu jenen Zeiten, als ich selbst jung war, daran kann ich mich noch erinnern. Heutzutage ist man als Jugendlicher sehr oft Einzelkämpfer. Freunde und sogar Lehrer verspotten zuweilen den Einzelnen. Ich höre sehr oft, dass diejenigen, die wirkliche Kirchgänger sind, die zum Glauben stehen, öffentlich verspottet werden. Dementsprechend muss man sich zusammenfinden, damit jeder den anderen unterstützen kann. Die Reise hat also auch als Ziel, jenes Gefühl zu vermitteln, dass man nicht allein ist, es gibt noch andere und es sind sehr viel mehr, als man annehmen könnte.

RN: Ein Thema der Synode ist auch das Thema der Berufungen. Junge Menschen, Berufungen, das ist keine einfache Thematik, denn die Zahl der Berufungen ist nicht besonders hoch in der Kirche. Warum ist das so? Ist dem vielleicht auch so, weil viele junge Menschen heute ein Stück weit Einzelkämpfer sind und warum lohnt sich dieser Weg dennoch?

JCH: Nein, ich denke man sollte klar unterscheiden, denn die Berufungen der Synode beziehen sich nicht ausschließlich auf Priesterberufe und Ordensleute, sondern auf die Tatsache, dass jeder Christ von Gott gerufen ist, von Gott bereits ins Leben selbst gerufen wurde, und dass Gott auch derjenige ist, der einen zum Glück im Leben ruft. Diesbezüglich muss man also einen Unterschied machen. Man muss wählen, welchen Beruf man erlernen möchte, wen man heiraten möchte oder ob man Priester werden möchte usw. Man darf es also nicht ausschließlich auf Priesterberufe einschränken. Die Tatsache, dass wir nicht ausreichend Priesterberufe haben, liegt auch daran, dass wir nicht genügend lebendige Gemeinschaften haben, innerhalb derer man Christentum wirklich erfahren könnte. Wo dem so ist, dort finden sich auch genügend Berufungen zum Priestertum. Diese Jugendliche sind bereit, ihr Leben zu opfern, wenn sie spüren, dass es ernst ist.

RN: Pierre Lacoste, vielleicht noch eine eher grundsätzliche Frage: Warum sind Sie überhaupt Christ?

PL: Also ich habe meine religiöse Prägung von meiner Familie, sie waren schon immer gläubig. Für mich persönlich muss ich aber sagen, dass ich seit 2016 christlich bin. Seit dem Weltjugendtag in Krakau fühle ich mich immer geborgen, wenn ich in der Messe oder mit anderen Christen zusammen bin. Das gilt auch für den Alltag, weil sie mich jederzeit begleiten. Es ist einfach herrlich, dies erleben zu dürfen und ich sage immer: warum denn nicht? Es hilft mir weitaus mehr, als wenn ich es nicht hätte.

RN: Herr Erzbischof, Sie sind auch auf europäischer Ebene aktiv, unter anderem als Präsident der Jugendkommission der CCEE. Welche Themen liegen Ihnen hinsichtlich der Jugendpastoral am Herzen?

JCH: Hier müssen wir zunächst das Ergebnis der Synode abwarten, anschließend planen wir in zwei Jahren ein großes europäisches Treffen mit allen Akteuren aller nationalen Kirchen, um eine Schlussfolgerung der Synode für Europa zu ziehen. Vorab wird es noch kleine Treffen in den verschiedenen Untergruppen geben, um dies vorzubereiten. Dies wird in Krakau stattfinden, letztes Mal war die Vorbereitung in Barcelona. Somit waren wir im Westen und gehen jetzt in den Osten, weil Europa sozusagen zwei Lungenflügel hat, aus denen es lebt. Wir müssen es dann in unseren Kirchen umsetzen. Es soll nicht nur ein schönes Papier sein, das verfasst wird, sondern zur Realität in der Kirche werden. Hierbei bin ich gerne bereit, mit helfender Hand zur Seite zu stehen.

RN: Eine letzte Frage an Sie beide gerichtet, vielleicht zunächst an Sie, Pierre Lacoste: Was erwarten Sie oder was hoffen Sie, dass diese Synode für junge Menschen hervorbringen wird?

PL: Hoffentlich die Tatsache, dass mehr Jugendliche in der Kirche helfen können und dann auch beteiligt sind. Ja, das ist mein einziger Wunsch.

JCH: Ich erhoffe mir Botschaften für eine lebendige Kirche, einen Neuanfang, damit wir aus alten Gewohnheiten ausbrechen können, damit wir keine Angst vor Neuem haben und dass die Botschaft klar sein wird, dass junge Leute wichtig sind, dass wir sie mögen und dass wir ihnen von Seiten der Kirche vollstes Vertrauen entgegenbringen.

Anmerkung des Herausgebers:

Alexandra Lafuente hat das Interview aus dem Luxemburgischen ins Deutsche übersetzt. Dafür sei ihr an dieser Stelle herzlich gedankt.

Nachwort zum Studienband

von Georg Rubel

Am Ende des Bandes wird bewusst darauf verzichtet, die Ergebnisse des Studientages zusammenzufassen. Dies würde den Eindruck erwecken, dass mit diesem Studientag alle wichtigen Fragen beantwortet sind. Auch mit der Synode, die mittlerweile stattfand, ist der gemeinsame Weg längst nicht zu Ende. Vielmehr geht er weiter nach dem Motto: Nach der Synode ist vor der Synode. Jetzt gilt es, das Abschlussdokument der Bischofssynode ins Leben der Kirche zu übersetzen. Jetzt gilt es, die Ergebnisse der Synode zu rezipieren und sie für die pastorale Praxis fruchtbar zu machen.

Wie gelingt es der Kirche, die Jugendlichen zu erreichen und auf ihre Lebenswirklichkeit einzugehen? Wie gelingt es der Kirche, den Jugendlichen zunächst einmal zuzuhören und sie sodann für die Botschaft des Evangeliums zu begeistern? Wie gelingt es der Kirche, einen offenen und ehrlichen Dialog mit den Jugendlichen zu führen und sich dabei als authentische Kirche zu erweisen? Mit diesen Fragen richtet sich der Blick in die Zukunft, die beide Seiten vor große Herausforderungen stellt.

Der Brief der Synodenväter ermutigt die Jugendlichen, den bisher beschrittenen Weg fortzusetzen, appelliert an ihren Enthusiasmus und fordert sie dazu auf, missionarische Jünger Jesu in der Welt zu sein:

„An Euch, die jungen Menschen der Welt, wenden wir Synodenväter uns mit einem Wort der Hoffnung, des Vertrauens und des Trostes. In diesen Tagen haben wir uns versammelt, um auf die Stimme Jesu, „des ewig jungen Christus", zu hören und in Ihm Eure vielen Stimmen, Eure Freudenrufe, Eure Klagen und Eure Stille zu erkennen.

Wir wissen von Eurem inneren Suchen, von den Freuden und Hoffnungen, vom Leiden und Ängsten, die Eure Unruhe ausmachen. Wir möchten, dass Ihr jetzt ein Wort von uns hört: Wir wollen Mitarbeiter Eurer Freude sein, damit Eure Erwartungen sich in Ideale verwandeln. Wir sind sicher, dass Ihr bereit sein werdet, Euch mit Eurer Freude am Leben dafür einzusetzen, damit Eure Träume Gestalt annehmen in Eurem Leben und der Geschichte der Menschheit.

Möge unsere Schwachheit Euch nicht entmutigen, und mögen unsere Schwächen und Sünden kein Hindernis für Euer Vertrauen sein. Die Kirche ist

Euch eine Mutter, sie lässt euch nicht im Stich, sie ist bereit, Euch auf neuen Wegen zu begleiten, auf den Wegen der Höhe, wo der Wind des Geistes stärker weht und den Nebel der Gleichgültigkeit, Oberflächlichkeit und Entmutigung wegfegt.

Wenn die Welt, die Gott so sehr geliebt hat, dass er ihm seinen Sohn Jesus geschenkt hat, auf die Dinge, auf den unmittelbaren Erfolg, auf das Vergnügen gerichtet ist und die Schwächsten zerschmettert, helft Ihr dieser Welt, aufzustehen und ihren Blick auf Liebe, Schönheit, Wahrheit und Gerechtigkeit zu richten.

Einen Monat waren wir zusammen unterwegs, mit einigen von Euch und vielen anderen, die mit Gebet und Zuneigung mit uns verbunden waren. Wir wollen nun unseren Weg überall dorthin in die Welt fortsetzen, wohin uns der Herr Jesus als missionarische Jünger sendet. Die Kirche und die Welt brauchen dringend Euren Enthusiasmus. Werdet zu Begleitern der Schwächsten, der Armen, der vom Leben Verwundeten.

Ihr seid die Gegenwart, werdet die strahlende Zukunft."[1]

---

[1] Zitiert nach: https://www.dbk.de/fileadmin/redaktion/diverse_downloads/dossiers_2018/2018-Brief-der-Synodenvaeter-an-die-Jugendlichen.pdf (aufgerufen am 29.11.2018).